怪獸大阪

Monster Osaka

李清志 文字 攝影

Monster Osaka CONTENTS 怪獸大阪

專文推薦——無三不成禮：李清志《怪獸大阪》如是觀／謝佩霓 006
推薦——帶領我們進行一趟時空奇幻之旅／郭旭原 012
推薦——跟著李清志一起出發，盡情閱讀這本名為世界的書／吳思瑤 014
推薦——期望以都市偵探的眼光造訪怪獸大阪／黃姍姍 016
推薦——都市偵探沒有停止腳步，不斷發現新事物／王子亦 018
推薦——李清志的三都物語，都市偵探的寫作與投射／林芳怡 020
推薦——李清志的「萬獸盤點記錄」／林凱洛 022
自序——三都物語 024

01 — 進城的方法 030
搭乘鐵人二十八進大阪城 032
藍武士vs白武士 040
鐵人復興計畫 050

02 — 俯瞰大阪城 056
天守閣、通天閣，以及所有關於慾望的高塔 058
大阪觀覽車 072

03 — 怪獸大街 082
那些真實寶可夢的街道以及它們的產地 084
來自異次元的太陽怪物 104
老鼠城的貓咪行銷術 116

Monster Osaka CONTENTS | 怪獸大阪

04 — 大阪城的心臟 128

中之島公會堂與大大阪的光榮 130

大阪城異文化建築與點心 144

道頓堀傳奇：河豚、章魚與肯塔基的魔咒 162

05 — 大阪城的建築魔術師 174

安藤忠雄的大阪城 176

美國萊特先生在大阪 194

06 — 大阪城的暗黑宇宙 208

暗黑系垃圾城堡建築 210

宇宙胃袋宴會魔窟 217

開膛破肚的建築 226

大阪的結婚教堂 234
潛水艇咖啡店與墮落的建築 239

07 — 大阪城的玄妙未來 248
巨墳的祕密 250
外星人降臨妹島星球 260
新世紀福音書店 266
大阪城Grand Front Osaka許願骨 277

08 — 逃離大阪城的方法 282
快速脫離大阪城的路線 284

後記 — 被偷走的一年 296

專文推薦 無三不成禮 李清志《怪獸大阪》如是觀

策展人・藝評家 謝佩霓

江戶時代的大阪，和京都、江戶並稱為「三都」，日本產經活動最暢旺的大阪，被譽為「天下的廚房」（天下の台所）。明治時代蘭學昌盛，和洋並進的繁華大阪，人口數曾一度超過東京，搏得「大大阪」之譽稱。儘管二戰後由於「一極集中」的官方政策造成東京獨大，大阪雖不復昔時榮景，卻更加到位地沿襲了大和民族的庶民文化。

個人體驗日本的因緣，肇始於關西大阪，而非首府東京。因之對大阪的情感，尤其特別，對其標新立異的本色，亦復始終著迷。大阪人酷愛填海造陸，建設新世界嘗新，彷彿《山海經》裡的精衛，那填海的痴心，儘管明知是逆天行商業之道與開發之實，不知為何又總引我感動莫名。

關西的獨樹一幟，由大阪的特立獨行予以坐實，譬如啟用迄今半世紀的阪急梅田驛那座貫穿三層樓板的手扶長梯。有別於關東以及日本其他地區的定律，搭乘電扶梯一律「靠左站」，唯有大阪自行其是「靠右站」。這為了使用者安全統一宣導的原初規範，日後約定俗成為慣性。這讓一九七〇年大阪「萬國博覽會」的來賓，不再覺得逆向行進突兀，反而覺得賓至如歸非常自在。無怪乎大阪締結的姐妹市米蘭、漢堡、聖彼得堡、上海、墨爾本、聖保羅，即使不是該國首府，也都具備首都態勢。「靠右站」為大阪迎接了來自世界各地的人們，包括我自己，習慣由這裡進出日本。

眾所周知，李清志是個大忙人，教書、寫書、說書，說不停、走不停也筆耕不輟。時間控管與情緒管理驚人的他，卻總能忙裡偷閒，天天找到特色咖啡館的一隅，以咖啡香挫翻飛的文思於筆端，因此叫好又叫座的著作出版不絕如縷。

商業大都會大阪向來步調疾如風，然而李清志書寫這座大城倒是能好整以暇，就在幾十年來最閒散的這一年裡完成。人生的無可奈何，突如其來的驟變令人措手不及，然而戲劇性轉折產生的結果，往往也令人驚豔，一如遊走大阪，每一個轉彎裡都暗藏劇力萬鈞。瘟疫驟現如怪獸酷斯拉之迅猛，嚴峻慘烈波及寰宇，令旅行成癮的李清志行不得也。無法繼續行萬里路，總能讀萬卷書，亦或寫下萬言書暢快伸志。「三都物語」眾人期待已久，如今傳說中的壓箱之作終於付梓，對李兄個人實可謂失之東隅而收之桑榆，而對引領期盼的粉絲，更是莫大的福氣。

無三不成禮，無三亦不成理。李清志以三代三生醞釀的「三城故事」，便是這樣的厚禮與重義。家學淵源深遠與人文底氣厚實的他，扮演都市遊俠恰如其分，也難作第二人想。為了一探究竟，他無事不登三寶殿，所以力行旅行眼見為憑。而在明查暗訪識得個中三昧之後，並不藏私，於是勤於導覽、著書、教學來盡情分享，數十年來累積的作品繁秩巨觀。

文樂和歌舞伎、能樂，並稱為日本三大傳統表演藝術，其中大阪的最大貢獻，當屬文樂。原本全稱是「淨琉璃文樂木偶劇」的文樂，在竹本義太夫發揚光大後底定風貌。文樂的舞台的靈魂人物，由「三業」組成，分別是操縱人偶的「人形遣」、演奏音色厚重的太棹三味線的樂師，和在一旁講述劇情的「太夫」。由於聲優起初都由瞽者擔綱，首重如何為等身大的人偶注入生命。透過人與器樂的聲線交融，「用呼吸來講述物語」，劇場性與臨場感十足地演繹傳諸久遠的正典、野史乃至於廣為流傳的鄉野怪談。

且容我以文樂賦比興，李清志《怪獸大阪》一書，好比一齣為國立文樂劇場量身訂製的嶄新劇碼，深富時代感地以二十世紀為文脈，只是舞台拉到現實中的大阪。比如導入科技呈現的金光布袋戲，人偶尺度無限放大，只為與大都會的規模相匹敵。作為無邊想像與奇思異想投射而成的龐然怪獸，如今化身為巨型電動店招、遊樂場、摩天大樓、公共設施等等，爭奇鬥豔只為收割眼球與鈔票。光怪陸離的情節連接兩個千禧年天天上演，以致居於其間者見怪不怪，唯有漫遊至此的說書人嘖嘖稱奇，遂訴諸文字、話音、影像，用生動淺白的方式，傳誦當代奇觀與奇人異事，留予後人玩味。

李清志身兼編導與說書人。太夫旁白的重點是感染力，讓人物立體，卻不能著魔無法自拔。

至於操作木偶則需要三人一組，主遣與左右手同心協力，才能將又高又重的人偶，嫻熟操作地活靈活現。文樂界有句名言道盡其難度：「足十年，手十年，成為主遣又十年。」音樂世家出身的他，也得擔任三味線樂師。依據通盤又深入的理解，樂師要表現的不是旋律，而是故事本身。通過音色、節奏的變化即興應和，展現出故事的場景、氛圍以及劇中人物的七情六慾、喜怒哀樂。李清志積累的功夫早就數十寒暑，難怪信手拈來，駕馭自如。

誠如大阪的多樣與多采多姿，各式各樣日本的代表作家，也在此汲取養分，各自擅場。包括姓名被用來冠名文學大賞的直木三十五；日本首位諾貝爾文學獎得主川端康成；以描寫大阪常民生活聞名遐邇的織田作之助；懸疑小說大師東野圭吾；社會寫實派名家山崎豐子；日本歷史小說泰斗司馬遼太郎。大阪是諸多直木賞和芥川賞得主的故鄉，還有像谷崎潤一郎這樣以大阪為舞台，創作了膾炙人口的暢銷書作家。《怪獸大阪》既出，從此李清志也該羅列其中，被記上一筆。

起源在一九五八年東大阪市的元祿壽司店的「迴轉壽司」，發明者白石義在參觀啤酒工廠時受到生產線啟發，更在一九七〇年的萬國博覽會大放異彩，迴轉壽司因應機械時代新速實簡的需求，知名度與流通度一舉推廣到全球。迴轉壽司的歷史，約莫與李清志同庚，於是不由得有了促狹的聯想。有別於江戶前壽司盛宴的大款貴氣，懷石料理尚禮唯美的拘謹，之於之前寫東京、京都，李清志的《怪獸大阪》，不啻也是充分滿足饕客胃口的旋轉壽司，讀者可以從琳瑯滿目中各取所需，盡情享受卻無壓力。

不同於大阪人安藤忠雄的企圖，三都物語無意建構「教堂三部曲」的豐碑以供人瞻仰，但李氏下筆仍懷抱無比虔誠，帶領讀者朝聖三座名城，洞悉三者如何詮釋截然不同的風、水、光的意趣。三城故事形同三部曲，京都寫景寫情、東京寫實寫理、大阪寫義寫氣魄。一路線性發展之下，從爬梳親情、友情、愛情，跨越古典、現代到後現代，在盤點了過去、面對現在之後，繼續前往未來。值此三部曲完結篇付梓之際，不禁揣想，這會是都市偵探李大師的封筆之作嗎？答案肯定是非然也。

大阪是日本前衛藝術之父吉原良治的故鄉，亦是他發起「具體」（gutai）畫會劃時代運動的革命基地。吉原相信天生的氣質與資質（shishitsu）決定藝術的風格，對人對地方皆如此。借其註冊商標的「円型畫」為譬喻，且說唯有李清志才寫得出《怪獸大阪》這樣的書，但這只是李清志圓滿現階段之作。而我相信，三城故事的前傳，早已經在作者的腦中悄悄醞釀賦形，我們作為耐心的讀者，只消拭目以待。

推薦 帶領我們進行一趟時空奇幻之旅

郭旭原聯合建築師事務所主持建築師 郭旭原

雖然到訪大阪多次但總沒能好好地閱讀這座城市，記憶中幾次的停留都是在前往京都的路上或是回程中短暫的停留，熱鬧喧譁的商業氣息有令人想逃離的感覺。

但是當理解大阪這座面對瀨戶內海，有著一千四百年歷史，且在上古的五世紀已經是日本對內及對外交通樞紐的古城時，不禁對這個城市感到了好奇！

《怪獸大阪》是清志描繪日本城市系列的第三部，在都市偵探隱隱異質的城市觀察和淡淡的人情況味之外，《怪獸大阪》中對於城市時間與空間的書寫是我最喜愛的部分。豐富的層次從第一章〈進城的方法〉開始，展開了對大阪城的想像，城市的慾望高塔談著戰國時代的天守閣、十九世紀的通天閣，到現今資本社會的摩天輪，描繪著歷史的變遷與這個城市更迭的天際線。怪獸大街中現實的寶可夢和一九七〇年萬博會的太陽巨塔一樣，穿越時空解密怪獸們在這個城市的前世今生。

最後一章的〈逃離大阪城的方法〉卻正道出大阪作為關西地區重要的存在，而從不得不進入大阪城到逃離它。

相同於《美感京都》與《東京未來派》中都市偵探對空間與建築細膩而饒富深刻的描寫，《怪獸大阪》則多了對未知的探索和想像，帶領我們進行了一趟時空奇幻之旅。

推薦　跟著李清志一起出發，盡情閱讀這本名為世界的書

立法委員　吳思瑤

雨果說，人生就像一場旅行。

我認識的朋友當中，把這句至理名言實踐得最徹底的，莫過於李清志了。旅行就是他的生活態度。不是去過了多少地方，而是從生活中去探尋感受每一處的不同。

旅行對很多人來說是「目的性」的，為了領略另一個異鄉城市，經驗另一種文化氛圍，而「計畫」上路。

但對李清志而言，不需要旅行指南，不必特別收拾行囊，也不需要醞釀出走的情緒，每一天的生活就是旅行，就像呼吸一樣自然。

我甚至發現，他旅行從不特別帶什麼攝影器材，透過手機一路隨性自在地拍，拒絕被拍照綁架，不讓鏡頭阻絕了眼前的風景。太過目的性，往往讓旅行成了一種不自由。

跟清志相處，也讓我有一種彷彿就在旅行的路上，即使我們只是坐在台北街頭的日常咖啡館，也能擁有在巴黎露天咖啡座的美麗心情。

讀他的書也是一樣，透過他的觀察與演繹，讀者能夠體會這大千世界更多的內涵與精神，而且五感俱在，畫面十足。

終於盼到了李清志的新書，《怪獸大阪》為他的「三都物語」拼上最後一塊拼圖。

我曾經在《臺北·原來如此》一書中，看見台北與亞洲幾個主要城市的分析比較。從城市規模、人口密度、商業發展、庶民美食到市民個性，台北與大阪相似度極高。

而台灣人對建築師安藤忠雄的著迷，讓我們對大阪有了更多好奇與認識。《怪獸大阪》中諸多書寫，都會讓生活在台灣的你我感受到一份莫名的親切，神遊其中。

李清志的「三都物語」完結篇來到大阪，在疫情蔓延無法自由移動的鎖國時代，對廣大讀者來說，是一種療癒與救贖。

思想家聖·奧古斯丁（Saint Augustine）說：「世界就像是一本書，而那些不旅行的人只讀了一頁。」

邀請大家，帶上旅人的靈魂與夢想，跟著李清志一起出發，盡情閱讀這本名為世界的書。

推薦 期望以都市偵探的眼光造訪怪獸大阪

忠泰美術館總監 黃姍姍

坦白說，我很害怕大阪，那充滿商業競爭和世俗物慾的城市氛圍，曾讓我刻意保持距離。居住在日本多年的我，造訪大阪的次數竟然寥寥可數。

但在《怪獸大阪》一書、清志老師的筆下，大阪化身成一隻個性活潑外向的怪獸，竟讓我也開始發現其可愛之處。怪獸張牙舞爪的外表之下，其實也有一顆堅毅卻富有童趣的心，雖然看似矛盾衝突，但這才展現怪獸巨大的包容力。

《怪獸大阪》書中交織著都市偵探敏銳的觀察還有旁徵博引的歷史故事，更有清志老師信手捻來的各種建築藝術領域的知識，讓我們暢遊在這一座開朗又喧鬧的大阪城市中。從如何進入大阪，到如何逃離大阪，都市偵探自有一套完整的城市攻略，帶著讀者升高至俯瞰城市的通天閣，夜晚再遁入最底層的暗黑世界，一下以上帝的視角概覽整座城市，一下又以顯微鏡般的觀點解析城市的幽微角落。老師流暢風趣的文筆帶著我們探險，剖析著大阪城市複雜的身世背景如何牽動著當代社會，勾勒著瘋狂無限的未來想像。

本書解開了我多年以來對於大阪的誤解，更除去了我心中對於大阪的刻板印象，讓我忍不住期待下一次以都市偵探的眼光再次造訪怪獸大阪！

推薦 都市偵探沒有停止腳步，不斷發現新事物

昕品設計設計總監　王子亦

一切都是緣分，在二〇〇九年冬天，我開始參加清志的旅行團，是實踐建築系的學生團，在清晨冰冷的天氣裡，我第一次坐船行駛在瀨戶內海上，看到彷彿枯山水一般的小島，散落在平靜的海洋裡。在細雪紛飛的空氣中，踏上空蕩無人的犬島，精煉所美術館尚未開門營業，我們在碼頭等候工作人員來開門，隨後開啟的不僅是精煉所的大門，而是往後十多年共同的建築旅行、家庭旅行，以及街頭巷尾的咖啡時光。

隔年我們一起到大阪，走在中之島上，遇到盛開的櫻花，他靜靜地欣賞著，我當時不了解為何他要一再地回來看櫻花？櫻花不是都一樣嗎？現在每年在櫻花樹下泡茶賞櫻是我們共同的期待。另外一則故事，是我們前往住吉的長屋時，他放棄搭乘舒適方便的旅遊巴士，帶著大家一起坐電車，再走路穿過社區、神寺、小巷，終於看到一個非常不起眼的水泥小房子，正是安藤忠雄

的成名巨作。如此大費周章，他是希望我們可以體驗一個當地居民的日常生活，不僅是欣賞建築，更是體驗一個城市裡的環境。每次在日本的旅行，京都、東京、大阪，他都熟門熟路的穿梭在巷弄裡，讓我覺得他似乎就是住在這個城市，根本沒有離開過。

作為都市偵探，清志對於城市的紋理、歷史脈絡、組合構成有他獨特的看法，閱讀他的文章，在輕鬆的文筆裡，看到博雜的文學典故與真實的性情流露。他在著作裡形容京都、東京與大阪的時候，用「逃離大阪」來說明對於大阪的複雜心情，真是十分貼切，現代人對於自己居住的城市，也是存有同樣的心態吧，每到週末假期，許多台北人爭相逃離天龍國，明明知道到處都在塞車，仍然要逃離出去，假期結束時，只好再回到希望逃離的城市。這樣的複雜與矛盾的心情，應該是都市人的無奈吧。

二〇二〇年是消失的一年，疫情讓人們停止活動，反而有機會重新思考彼此的關係、重新認識自己生活的城市、重新發現大自然的美好。都市偵探沒有停止腳步，仍然不斷地發現新事物、提出新觀察，在喝咖啡的時刻，閱讀他的都市文章，應該是最佳的佐餐甜點了。

推薦 李清志的三都物語，都市偵探的寫作與投射

欣傳媒社群內容部資深總監 林芳怡

台灣熱愛日本文化與日本旅行的「粉」很多，這位都市偵探絕不是一般的「粉」。

李清志年年多次造訪日本（除了被疫情偷掉的二〇二〇年），持續性並結構化地寫作，發表了《美感京都》、《東京未來派》與《怪獸大阪》的「三都物語」，完成了屬於這位偵探的日本論。

他說：「京都對我而言是美感、傳統、歷史與記憶的代表；東京是充滿前衛、科技、設計與現代感；而大阪則展現出一種怪奇、異形、魔幻、多元、鬧熱的氛圍。」雖說是他對日本三座個性迥異城市的觀察記錄與定調，這何嘗不是這位都市偵探作家身上同時存在的三種面向與性格！

另一個方式來理解，這三座城市也其實是融合都市偵探性格與偏好的呈現，就算是在《美感京都》中也看得到異形與科幻的章節，在《東京未來派》中當然也多次展開歷史身世與美學表現，這次的大阪也絕對不會只有魔幻怪奇，它同樣有著複雜的涵構與另類傳承與美學！換言之，

透過都市偵探不斷觀察整理所呈現的這三座他熱愛的日本城市，其實是偵探自身性格與研究路數的投射與再現，只是各自「配方比例有異」而已。

李清志，作為一個不一樣的建築人，他愛「都市」的複雜內容，他愛「偵探」角色的專業技能；冬季的長外套風衣搭配黑色呢帽，夏季非正式的白色西裝就換上的紳士白色草帽。出沒在各地的咖啡廳享受一人的孤獨閱讀及觀察寫作，一杯咖啡與一份甜點，辦案不簡單的形象已深植粉絲的腦海……他的正職是建築系教授，同時透過廣播節目、固定專欄寫作、專書出版，又擔任許多人的走讀講師。每一個人所認識到的清志，可能是不同個性專長比例的展現，但迷人的都市偵探形象無疑擄獲了大眾。

在享受閱讀他的新作之際，我想著，是否接下來應有人動腦筋來開發他成為一個極富深度與潛力的ＩＰ呢？

推薦　李清志的「萬獸盤點記錄」

小島裡文化品牌總監　林凱洛

收到清志老師書稿時，距離上一趟日本飛行已過一年多，二〇二〇年到二〇二一年，或許會是人類歷史上相當重要的轉折點，拉長的距離，閉鎖的城界，身處的異世，人們只能在文字照片影像聲響中，吸收跨越國度的資訊。

一邊閱讀《怪獸大阪》時，腦中不知不覺一一回溯大阪旅行回憶，翻著自己的臉書與ＩＧ，對應著老師所寫的道頓堀、大阪城、中之島與太陽塔，盡是鄉愁。那杯在北濱河畔所喝的咖啡，那塊在堺筋高堂吃過的蛋糕，走過的高松伸與安藤忠雄建築，還有在北新地喝過的酒，以及在中崎町老屋咖啡裡閱讀過的那本介紹大阪萬博會原版舊書。

如果抽離旅人身份，投入清志老師筆下的都市觀察筆記，只能再次敬佩老師給予我們一場豐盛的「萬獸盤點記錄」。即便知曉大阪集一切狂氣與豔麗，卻窮於建築史與城市學的探索爬梳，因此書中內文讀完後，特別是暗黑宇宙的章節，更補齊過往涉獵輕淺的足跡，不僅認識更深，卻也更想念這個群獸亂舞的城市。

卡爾維諾曾說：「你喜歡一個城，不在於它有七種或七十種奇景，只在於它對你的問題所提示的答案。」大阪與京都或東京截然不同。它沒有拖沓規矩的歷史包袱，沒有冷靜疾速的未來野望，卻有拳拳到肉的愛恨情仇，大阪容易進入，是因為人們總能找到應許之處。

一自序 三都物語 一

從我開始寫日本城市系列時，心中就構思要寫完東京、大阪、京都這三座城市，因為這三座城市是我每年都會去的城市，而且三座城市各有不同的性格與特色。京都對我而言是美感、傳統、歷史與記憶的代表；東京是充滿前衛、科技、設計與現代感；而大阪則展現出一種怪奇、異形、魔幻、多元、鬧熱的氛圍。

二〇一八年我寫《美感京都》時，面對了家族歷史與古都美感的糾纏矛盾，但是寫完這本書卻帶給我某種療癒，同時也讓我梳理了內心許多難解的親情記憶；二〇一九年書寫《東京未來派》1＆2，我痛快地書寫了過去二十多年來對東京的觀察，那些終日步行的苦行僧式東京旅行點滴，化為紙本的圖文，雖然因為內容太豐富，最後出版成兩本書，也算是對我自己人生的一個交代。二〇二〇年我終於寫完《怪獸大阪》一書，但是卻因為遇上百年大疫情，所有事情都處於一種不確定的狀態，總是想說關於出版的事，等到疫情結束再說，無奈疫情似乎沒有完結的時候，然後二〇二〇年就過去了。今年我終於決定將《怪獸大阪》出版，一方面完成我「三都物語」的完整拼圖；另一方面也表達了我對疫情結束的期待與信心！

一般來說，談到「三都」，都是指關西地區的三座城市：京都、大阪與奈良，這三座城市在日本歷史上佔有重要的地位，奈良是古舊的京城，京都是遷都後的政治文化中心，大阪則是新興的商業大城，同時也是豐臣秀吉駐紮的重要城堡所在地。在萬城目學的小說中，也有所謂的「關西三部曲」，《鹿男》是關於奈良，《鴨川荷爾摩》是關於京都，而《豐臣公主》、《巴別九朔》則是關於大阪；在《巴別九朔》小說中，他更談到關於這三座城市的代表象徵物，京都是「狐狸」，奈良是「鹿」，而大阪則是「老鼠」，這多少傳達了這幾座城市不同的城市性格。

相對的，位於關東的東京只是後起之秀，是德川家康對抗豐臣家族的基地；不過德川就是運用了東京這個基地，養精蓄銳，壯大成為對抗大阪豐臣家的巨大力量，最後終於掀起了東西軍的戰爭。就因為關東與關西之間的差距太不一樣，日本人除了「紅、白」之外，就很喜歡強調東、西軍的對抗，我們最熟悉的就是《料理東西軍》，甚至建築的「東邪西毒」（指的是關東建築師伊東豐雄與關西建築師安藤忠雄的比較），最具體的關西、關東比較，就是以大阪與東京做代表。

在語言腔調、城市性格、飲食習慣、穿著談吐，甚至工作倫理，大阪與東京有著極大的不同。所以在我的「三都物語」思考裡，大阪與東京總是處在一個對立與對抗的立場，而京都因為其歷史文化的超然立場，在三都的較量中，似乎就處於中立的地位；當我們談到關東、關西軍的對抗時，自然就會談到大阪與東京的比較。事實上，這兩座城市在近代歷史裡，也不斷地彼此競爭，試圖成為日本第一大城，特別是在二十世紀初期，大阪逐漸成為一個商業大城，人口也不斷地增長，在一九二三年關東大地震之後，東京一片蕭條，許多人逃往大阪，讓大阪城市人口暴增，成為日本第一大城，當年整個大阪繁榮富庶的程度，被稱作是所謂的「大大阪」（The Grand Osaka）。

東京與大阪最明顯的性格差異在於，東京是武士家族的性格，而大阪則是商業家族的性格；武士家強調結黨低調，冷靜而不躁動；商業家族則是天性海派，作風誇張豪放。在東京的電車上觀察，所有的上班族都只穿米黃或灰色風衣，沒有人敢穿顏色鮮豔誇張的衣服，他們低調安靜穿梭城市，有如複製人一般，以免因為太突出，惹來殺身之禍，唯一可以辨識的是衣領上的胸章，那是會社或明星學校的標識物，猶如家徽一般，用來辨別你是屬於哪一個幫派團體；在大阪的電車上，人們則呈現完全不同的景象，大阪人可以毫無忌憚地開懷談笑，可以穿著誇張鮮豔的衣服，甚至豹紋裝，自由自在的感覺，比較像是台灣人！球賽期間，球迷們還會在電車上放聲高歌，合唱心愛球隊的隊歌！

我可以想見萬城目學把大阪形容成老鼠！老鼠總是那麼的俗世，鑽營在商業區覓食，又髒又亂，但是又可以把自己養得肥肥胖胖！老鼠有著一種隨遇而安、亂世中求生存的本事，牠們在下水道穿梭，在垃圾堆的混雜中吃喝，然後建立起一座奇特的生存環境。用老鼠形容大阪似乎有些不雅，但是與京都、奈良的優雅清高相比，大阪真的是世俗而平凡！

在英國導演雷利．史考特的眼中，大阪是一個五光十色的霓虹商圈，深夜黑社會份子、暴走族橫行的奇特世界，在他一九八九年的電影《黑雨》中，麥可．道格拉斯扮演來自美國的警探，與高倉健飾演的日本警察合作辦案，電影中出現道頓堀那棟由建築師高松伸設計的發亮大樓Kirin Plaza，猶如《銀翼殺手》裡的未來世界建築，電影《黑雨》似乎有意指涉日本歷史上的「黑船事件」，強調美國文化與日本文化的直接衝擊與碰撞，大阪這個海港城市的確是日本文化接觸外來文化的最前線，也因此呈現出不同文化混雜的城市文化狀態。

所以在神戶附近成長的村上春樹曾表示，很多日本人去東京會有一次對西方文化的「文化衝擊」，但是因為他成長的環境早就存在著大量的西方文化，爵士樂、美國食物、牛仔褲等都是他從小熟悉的事物，所以對他而言，長大後去東京，根本不覺得有什麼文化衝擊！

建築大師安藤忠雄是道地的大阪人，他熟悉大阪人的生活方式，他也跟許多大阪小孩一樣，總是在街頭打架鬼混，但是他的作品中卻顯現出一種大阪人在吵雜城市裡的自處之道。在混亂的城市裡，他的建築總是以清水混凝土牆將自己圍繞，像傳統的園林一般，創造自己亂世中的桃花源，可見大阪人雖然身處熱熱鬧鬧的城市，內心依然尋求一方寧靜，一個安身立命的空間。

池波正太郎的大阪則是充滿庶民美食的天堂，大阪的確是一個被稱作是「天下的台所（廚房）」的地方，因為靠近海港、交通便利，幾乎所有的新鮮美味食材都集中在這裡。池波正太郎雖然是東京人，但是他也喜歡來到大阪，在巷弄間尋找庶民美食的樂趣，在他推薦之下，「夫婦善哉」等小店成為家喻戶曉的名店，而我多年來在道頓堀附近吃喝，也很喜歡「金龍拉麵」立食麵店，店面上方巨大的中國神龍雕塑成為其重要吸睛招牌；事實上，巨大雕像招牌也是大阪的獨特景觀，漫步在道頓堀附近，可以看見巨大的螃蟹張牙舞爪，甚至噴出白色煙霧，也可以看見一整串的河豚在空中飄揚，串炸師父的大型頭像也出現街頭，整條街呈現出一種光怪陸離的景象，我將它稱作是「怪獸大街」。

這本書延續都市偵探的城市觀察風格，深入大阪這座怪獸城市，探索一般人未曾認識的大阪；整本書以劉姥姥進大觀園的方式，從如何進入大阪城開始，帶領讀者在這座奇怪的城市裡漫遊，猶如老鼠在起司孔洞中穿梭一般，除了獵奇讚歎之外，也試圖去解釋所有怪異現象背後的意義與原因，這也是都市偵探最擅長與喜愛的遊戲之一。

最後我也提供了讀者，可以快速脫離大阪的方式，畢竟在這樣一座怪獸城市待久了，並不是每個人都受得了，所以每個在大阪城的人，都需要有一個脫離計畫，讓自己逃離城市紓解壓力；就像當年豐臣公主試圖逃離大阪城一般，如果當初豐臣公主逃離的路線正確，可能就不會走上被誅殺的命運。

在我的「三都物語」系列中，《怪獸大阪》可以說是最熱鬧、最富趣味性的一本書，這也凸顯出每個城市的確有不同的性格，就像每個人有不同的性格一般。認識城市就像是認識一個人，不能只是看看外表長相（觀光），也要認識她的成長背景（歷史社會研究），最後試著去將你所認識的她寫下來（書寫傳記），《怪獸大阪》就是我對大阪城的認識所寫下的一本書。

5

進城的方法

GET INTO OSAKA

01

進入一座城市，從什麼途徑、
使用什麼交通工具，其實是很重要的。
如果路徑錯誤或是搭乘的交通工具不對，
就可能錯失了這座城市最精華的部分，
或是改變了對這座城市的第一印象，
甚至可能不得其門而入。
我到大阪城多次，
漸漸摸索出最佳的進城方法，
我喜歡搭乘飛機到關西機場，
然後從機場搭乘南海電鐵雷比特號列車進城。

搭乘鐵人二十八進大阪城

傳說中浦島太郎進入海底龍宮是搭乘海龜，如果沒有海龜的帶路，一般人根本找不到龍宮的神祕地點；進入一座城市，從什麼途徑、使用什麼交通工具，其實是很重要的。如果路徑錯誤或是搭乘的交通工具不對，就可能錯失了這座城市最精華的部分，或是改變了對這座城市的第一印象，甚至可能不得其門而入。我到大阪城多次，漸漸摸索出最佳的進城方法，我喜歡搭乘飛機到關西機場，然後從機場搭乘南海電鐵雷比特號（Rapi:t）列車進城。

有如龍宮神話一般，關西機場是一個無中生有的航空站，就像是為大阪這座城市另外加設的對外通道門戶，當年為了建造這座機場，挖空了附近淡路島的土石，不斷地填入這片海域，剛開始只是「石沉大海」，完全沒有效果，填出來的島嶼天天都在下沉，工程人員只好繼續填入土方，終於在大家幾乎放棄之時，這座人工島開始穩固，不再軟爛下沉，慢慢地，整個關西機場才逐漸成形。

七十年代起，高科技風格（Hi-Tech Style）建築興起，

南海電鐵 Rapi:t 列車是從關西機場進大阪城的奇特交通工具。

機場建築第一次可以用機械設計的手法來建造，玻璃與金屬的強烈機械美學，正好符合民航機高科技的機械形象，同時也較過去混凝土建材更為輕巧亮麗。同屬高科技風格建築學派的建築師哈蒙・楊（Helmut Jahn）與倫佐・皮亞諾（Renzo Piano）分別在芝加哥（一九八七）與日本關西地區（一九九四）設計建造了高科技風格的機場建築，為世界各國航站大廈掀起了高科技風潮，從此之後，全世界新的國際機場都不再以沉重呆板的混凝土作為主要建材，而開始採用輕巧的金屬結構與玻璃建材，航站大廈也逐漸邁入新的科技時代。

機場是現代人旅行過程中，一處無法逃避的無聊場所；在電影《雙面翻譯》中，

關西機場是高科技風格建築師Renzo Piano的設計傑作，充分展現輕巧明亮的機械建築美感。

南海電鐵 Rapi:t 列車內裝科幻感十足！關西機場服務設備多元，連寵物旅館都有。

波區只要半個小時；另一方面這輛電車猶如關西機場的祕密武器，其造型十分科幻前衛，車頭像是鹹蛋超人，又似古代武士的頭盔，藍色的塗裝加上圓形的窗戶，其造型及顏色正像日本早期的機器人「鐵人二十八」，因此這個綽號便不脛而走。

每當我疲倦煩累，希望趕快到另一座安靜城市之際，我就會選擇在關西機場降落，因為這座高科技風格的機場，有祕密武器「鐵人二十八」，可以又舒服又迅速地將我帶離開機場。

藍武士vs白武士

這款藍色列車是關西地區最負盛名的南海電鐵Rapi:t列車，由關西機場開往大阪難波南海城，是關西機場最特別的機場快鐵列車，原本藍色的電車車身，是京都建築師若林廣幸所設計，若林廣幸身為京都人，體內流著京都人的古典血液，卻也有著叛逆前衛的思維，因此他總是試圖在古典中創造出新意來！

建築師若林廣幸曾在京都祇園地區設計一棟充滿古典機械美學的奇特建築，有如火箭沖天般的造型，竟然還取名叫「丸東十七號」，真的像是設計一艘太空船！後來他甚至還設計另一棟「丸東十九號」建築，人們將這些建築稱作是「京都古城中的異形」。

更有趣的是他的建築師事務所，是由一座古老河豚料理店所改造而成，因為他認為自己所做的建築設計，猶如吃河豚一般，是有危險性，是一種冒險！不過古城中若沒有新的嘗試，就將永遠呈現死水般的無趣、庸俗。

每次搭乘南海電鐵雷比特號列車，當列車經過跨海大橋，從圓形的車窗向外望去，藍色大海廣闊宜人，常常讓我搞不清楚自己是在搭乘潛艇或太空船，整個車廂室內空間設計，也同樣充滿異形

感，可說是一輛充滿創意的異形列車。

行駛多年的南海電鐵Rapi:t列車，在二〇一四年有了新改變，先是暑假前推出限定版的紅色夏亞列車，將整輛列車改造成紅色薩克機器人的模樣，夏亞專用機是三倍速的高級機種，因此吸引了全日本，甚至全世界鋼彈迷的目光，可惜限定版只出現短暫時間就消失，讓未能目睹的民眾哀嘆不已。

不過後來南海電鐵又出新招，與廉價航空樂桃航空公司合作，推出南海電鐵Rapi:t列車樂桃版，成為「Peach Rapi:t」，白色的車頭與紫紅色的車身，又再次吸引所有人目光！日本鐵道公司的行銷手法果然高明，利用一輛特殊的電車，可以創造出這麼多的話題，讓這輛電車多年來還是讓人充滿無限的想像。

我站在天下茶屋車站月台，等候拍攝樂桃電車，果然讓我等候到，而且是兩輛電車一起出現，我拍下照片，感覺像是一個白武士與藍武士在尬車（見第四十一頁）！

南海電鐵Rapi:t列車也是若林廣幸古典機械美學的呈現，如鋼彈薩克機器人頭部的電車車頭，又有如戰國時期的武士頭盔，充滿科幻前衛的想像。有一年《星際大戰》推出新電影，特別與南海電鐵合作，因為塗成黑色的南海電鐵Rapi:t列車，車頭實在太像星際大戰中的黑武士造型，其實《星際大戰》電影中的絕地武士，的確是受到日本武士道的啟發。

黑武士的造型及頭盔，揮舞著光劍的動作，都讓人想起日本戰國時代的武士戰將，因此神似

南海電鐵Rapi:t列車曾經推出《星際大戰》黑色特仕版列車。黑色的車頭，根本就是黑武士的造型。

STAR WARS

05
06

南海城開發案，包含車站、旅店、百貨公司、購物中心與辦公大樓，
南海電鐵 Rapi:t 列車的終點站就在底層。

日本古代兵器或武士頭盔的南海電鐵Rapi:t列車，與《星際大戰》共同行銷，可說是「天作之合」。這輛列車全身漆黑亮麗，每節車廂都有不同星戰人物的圖案，令星戰迷驚豔不已。

搭乘黑武士列車進大阪城，好像當年德川的部隊前往大阪城討伐豐臣秀吉一般，充滿了熱血與激情；如果當年德川家康有鐵人二十八這樣的「神器」，可能會更早打下大阪城吧！

南海電鐵的終點是大阪南邊難波地區的「南海城」，南海城是南海電鐵的大規模城市開發案件，整個開發案保留前方高島屋華麗的古典建築，並在上方蓋起高層的Swissôtel，下方則結合地鐵系統與車站，形成一種複

雜卻又多元效率的綜合開發案；南海城後方沿著鐵道，陸續開發了「南海公園」購物中心，整座購物中心猶如一座小山，除了拔地而起的摩天高塔辦公大樓，山坡上種植樹木花草，綠油油一片，為人工的水泥建築帶來生氣與綠意，小山中蜿蜒的峽谷，讓人們深入其間消費，仍然與自然陽光有所接觸。

那一年我卸下學校行政工作，第一件事就是想逃到日本休息，我買了機票飛到關西機場，搭上鐵人二十八列車來到南海城，然後直接搭電梯直上Swissôtel，進入房間、放下行李，望著窗外宏偉的南海城，忽然我覺得自己像是站在大阪城上的豐臣秀吉，自己終於又拿回了自己生命的主導權。

從關西機場搭乘 Rapi:t 列車到達終點站「難波」，搭電梯就可以直上 Swissôtel。

鐵人復興計畫

日本是個奇特的民族，從來沒有一個民族像日本人這般，瘋狂於巨大機器人的創造，特別是二戰後，追求於重建與工業復興中的日本社會，創造了許許多多巨大的機器人，從鐵人二十八、大魔神、機動警察，一直到鋼彈系列作品，原本只出現在漫畫、動畫中，後來也衍生出模型玩具，甚至全比例的實體機器人。

有人認為這是因為身為戰敗國的日本，企圖將其失敗的恥辱與信心潰散，投射在巨大機器人身上，幻想巨大機器人可以以一抗百，對抗強大的敵人，找回失落的民族自信與自尊。這種情結延續了二戰末期的日、德兩國建造巨艦大和號，以及希特勒建造虎王巨型坦克的心態，期待在不樂觀的戰局中，使出類似電玩中的大魔神，一舉扭轉乾坤。

鐵人二十八由漫畫家橫山光輝在一九五八年所創造，與後期發展的無敵鐵金剛、鋼彈系列機器人不同，並非由人在內駕駛操控，而是由一位小男孩在外面用遙控器操控，猶如操作遙控汽車玩具一般，顯示出當年的科技發展程度。鐵人二十八藍色的身形，在當年大受歡迎，也成為許多人珍貴的童年記憶，甚至影響許多設計產品

新長田因為「鐵人二十八」的巨大雕像成為受觀光客歡迎的「鐵人小鎮」。

的成形。

橫山光輝是關西神戶地區出身，神戶市政府為了復興自阪神淡路大地震的經濟，以及增加神戶長田地區的觀光和集客力，就在神戶新長田若松公園內興建了一比一大小的鐵人二十八等比例機器人。新長田地區原本只是神戶周邊住宅小鎮，毫無任何景觀特色，但是自從設置鐵人二十八雕像之後，觀光客大量湧入，讓新長田這個原本名不經傳的小鎮，瞬間暴紅，成了神戶地區精彩的觀光景點。

新長田成為受觀光客歡迎的「鐵人小鎮」，鎮內到處可見鐵人二十八的指標、廣告，店鋪內販售鐵人二十八紀念品，甚至發行「鐵人小鎮」地圖，因為橫山光輝也畫過《三國志》漫畫，因此小鎮中也有許多《三國志》人物主題雕像，整個小鎮儼然成為「動漫小鎮」。

除了鐵人二十八之外，鋼彈雕像也進駐東京台場Diver City新商場建築前；日本人運用巨大機器人吸睛，製造商機，復興地方經濟的手法，果然奏效，的確令人佩服！

ファンキーポリス
FUNKYPOLIS
ボウリング 4F
カラオケ
ゲームセンター 3F

持ちで
ジョイプラザ 35
周年
DAIMARU

俯瞰大阪城

A GLANCE OF OSAKA

02

大阪城是豐臣秀吉的巨大城堡，
是他一統天下的權力象徵；
十幾層樓高的天守閣，
可以眺望整個大阪城，
有一種君臨天下的快感。
今天大阪城裡的現代電梯，
可以帶你直上城堡頂端，
享受豐臣秀吉眺望大阪，
一統天下的尊榮與驕傲，
是過去的豐臣秀吉、
德川家康等大名所無法想像的！

怪獸大阪 Monster Osaka　02

天守閣、通天閣，以及所有慾望的高塔

天守閣

日本的城堡包括護城河、城牆，以及天守閣等建築，其中最醒目的高大建築就是所謂的「天守閣」，天守閣是城堡主人坐鎮指揮的地方，具有瞭望警戒的功能，同時也是權力的象徵。歐洲中世紀城堡也都是建造在高處，就是希望掌握制高點，可以監控自己的所有領地，同時也成為權力的象徵，是政治的地標物。

大阪城是豐臣秀吉的巨大城堡，是他一統天下的權力象徵；十幾層樓高的天守閣，可以眺望整個大阪城，有一種君臨天下的快感。日本有許多戰國時代的城堡，但是大多是後來重建的復興式樣，真正保留原有城堡的非常稀少，姬路、松本、彥根與犬山等四座城堡被稱作是「國寶城」，就因為它們是真正未被破壞改建過的城堡，是原汁原味的古蹟。

大阪城天守閣在一六六五年遭閃電擊中燒毀後，就不曾重建，成為沒有天守閣的城堡，這樣的命運讓人想起《舊約聖經》中的巴別塔，是一座人類驕傲自大、自我膨脹的高塔，希望藉此摩天大樓可以通天，但是卻被上帝以混亂人類口音的方式，讓通天巴別塔的工程無法達成。

現在的大阪城則是一九三〇年代重建的，當時的市長提議重現大阪城與天守閣，作為城市重要的歷史文化象徵，因此募款重建，歷經二戰轟炸及戰後的重建，終於在五〇年代重建完工，所以現在所見的大阪城天守閣，已經不是傳統的日本建築，而是以鋼筋水泥所建造的仿古城堡。

既然是仿古的城堡，裡面有現代電梯設備也就不足為奇！我爬過真正傳統城堡的天守閣，宏偉的城堡，必須以人力爬樓梯直上頂端，塔頂裡的空間狹窄，經常需要低頭彎身才能通過（可見早期日本人果然身形矮小），我想那些城堡主人如果每天都必須爬到天守閣頂端，又沒有電梯，恐怕是非常辛苦！上去後可能就不想下來了。今天大阪城裡的現代電梯，可以帶你直上城堡頂端，享受豐臣秀吉眺望大阪，一統天下的尊榮與驕傲，是過去的豐臣秀吉、德川家康等大名所無法想像的！

天守閣

地址：大阪市中央區大阪城1-1
電話：06-6941-3044
營業時間：09:00-17:00營業時間可能會依照季節調整
交通：從「谷町四丁目站」1-B號或9號出口出來，步行約十四分鐘

通天鐵塔的年代

人類從十九世紀開始建造鐵塔，巴黎艾菲爾鐵塔的落成，宣告了機械文明的年代來臨，二次大戰之後，日本人開始仿效巴黎鐵塔，在各大城市建造鐵塔，一方面當作是電視塔，放射電波之用；另一方面則建造起高聳的城市地標，塑造城市景觀特色。包括名古屋塔（一九五四）、大阪通天閣（一九五六），東京鐵塔（一九五八），以及位於別府、札幌、博多鐵塔等六座大小鐵塔，竟然都是東京大學建築系畢業的結構

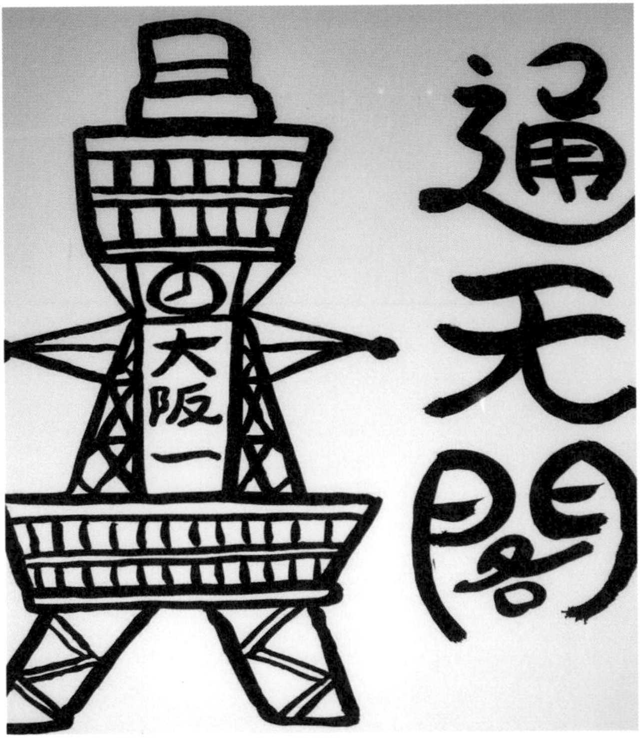

大阪通天閣鐵塔與東京鐵塔同為「塔博士」內藤多仲所設計，
是日本當年六座知名鐵塔之一。

工程師內藤多仲所設計，因此被稱作是「鐵塔六兄弟」，內藤多仲也因此被尊稱為「塔博士」。

當年東京鐵塔建設時，正值日本東京戰後艱困的年代，在電影《幸福的三丁目》中，描述著市民在幾乎被夷為平地的廢墟上重建家園，努力開創出新的生活；家園背後天際線上逐漸長高的東京鐵塔，正是他們從戰敗困境逐漸站立起來的具體寫照，也代表著對未來幸福的期待。當東京鐵塔落成的那一刻，似乎就代表著東京已從困頓中走出，東京鐵塔因此成為了日本人幸福的象徵。

不過這些鐵塔也成為日本科幻

大阪通天閣鐵塔造型怪異，好像頭重腳輕的外星人，附近原本稱為「新世界」，如今卻已淪為老人的聚集地。

電影中，怪獸攻擊城市的重要目標，東京鐵塔與大阪通天閣不知道被怪獸們摧毀過多少次，東京鐵塔是大恐龍哥吉拉的最愛，而大阪通天閣可能是因為造型怪異，而成為醜陋怪物喜歡攻擊的目標。通天閣一直不是一座討人喜歡的鐵塔，因為這座鐵塔造型怪異，像個頭重腳輕的外星人，而且上面還有日立家電的標誌（為了增加廣告收入），感覺是一座展現商業慾望的高塔。

大阪通天閣原本建造於一九一二年，高七十五公尺，可說是當年時東亞最高的建築，周遭熱鬧非凡，二戰前通天閣遭遇祝融燒毀，因為二戰資源的需求，通天閣

的殘留鐵件被拆掉利用，一直到戰後一九五六年通天閣鐵塔才再次被重建。

整個鐵塔商圈被稱作是「新世界」，如今這個名稱卻像是諷刺或奚落的形容詞，因為此地已經沒落到成為老人聚集的破舊商圈，每天在商圈看到的幾乎都是老邁的身影，他們每天到將棋社下棋，或是出沒放映異色電影的老戲院，餓了就吃吃油滋滋的老式炸物，所謂的「新世界」如今已成了「舊世界」。

走在通天閣鐵塔下的「新世界」商圈，看著破敗的街道，原本象徵進步、希望的鐵塔，隨著時間流逝，終究會淪為老舊、沮喪的城市角落。城市變遷的物換星移，令人不勝唏噓！

地址：大阪市浪速區惠美須東1-18-6
電話：06-6641-9555
營業時間：10:00-20:00
交通：從「惠美須町站」3號出口出來，步行約四分鐘

原廣司的天空之城

相對於南邊難波地區，北邊的梅田可說是新興的城市區域，嶄新的通天塔在此樹立，創造出大阪城的全新天際線。由建築師原廣司所設計的Sky Building（藍天大廈）矗立在大阪車站的後方，大樓頂端有環形瞭望台，可以登高眺望整個市區；原廣司是日本非常令人敬佩的建築師，日本各地都有他所設計的公共建築，最有名的就是京都的門戶ＪＲ車站，這座車站顛覆了大家對古都建築的想像，以一種現代甚至科幻的姿態，出現在古老的市區，搭配著前方的雷射槍般的京都塔，呈現出一種科幻小說的奇特場景。

原廣司也是當今最擅長設計巨蛋體育館的建築師，他在北海道札幌所設計的巨蛋建築，

喫茶 軽食 オリンピア
お食事処
ヤマハ

原廣司的Sky Building在高空用圓環連結兩座摩天大樓，
這個建築案其實是他太空軌道建築夢想的一部分。

梅田藍天大廈
Sky Building

地址：大阪市北區大淀中1-1-88
電話：06-6440-3899
空中庭園營業時間：09:30-22:30
交通：從「梅田站」北剪票口出來，步行約十分鐘

造型奇特，卻能夠在北海道寒冬中生存，有點類似龜殼的閃亮金屬外殼，讓屋頂的積雪可以隨著季風吹落，不需要另外除雪，而室內也採取自然通風系統，環保又節能。

原廣司設計的Sky Building其實是他的太空軌道建築計畫的一小部分，稱為是低軌道的建築，他的最終目的是可以通向月球的真正通天塔。Sky Building由兩座摩天大樓並列組成，最上方則以環形結構連結，有如天使頭上的光圈。

人們若是想到達瞭望台，必須搭乘懸空的電扶梯，猶如登天的天梯一般，整個過程充滿太空科技感。

雖然幾年前位於天王寺的新大樓Harukas 300成為大阪最新高樓，甚至是關西地區最高建築，但是我對Sky Building的喜愛還是不減，對我而言，這座大樓永遠是大阪的通天閣！

大阪觀覽車

天保山摩天輪

大阪有著輝煌的「大大阪」歷史，曾經是日本最大的都會，因此對自己充滿著信心與驕傲，一九九七年在大阪天保山港邊樹立的觀覽車，直徑一百公尺，號稱是當時世界最高的摩天輪，搭乘這座觀覽車，可以觀看大阪市區與港區之間的關係，了解到大阪為什麼被稱作是「水都」。

我不是很喜歡搭乘觀覽車，因為我似乎有懼高症，而且這座觀覽車的車廂近乎透明，讓人看了腳軟！但是從上面往下方觀

看，可以看見幾棟重要的建築，包括安藤忠雄設計的三多利博物館，以及巨大的海遊館，甚至遠方的大阪巨蛋、環球影城，以及哈利波特的魔法城堡。平常我們在地面，看不出這些建築的完整面貌，但是從高處眺望，所有建築一目瞭然！

安藤忠雄的三多利博物館，可以看出是由幾個不同幾何塊體所組構而成，這也是安藤忠雄所擅長的設計手法，而最大的塊體，猶如巨大的酒杯，

天保山摩天輪

地址：大阪市港區海岸通1-1-10
電話：06-6576-6222
營業時間：10:00-20:00
交通：從「大阪港站」1號出口出來，步行約五分鐘

承裝著香醇的美酒液體；海遊館則是美國建築師彼得・切爾馬耶夫（Peter Chermayeff）所設計，他是水族館專業設計師，但是這棟一九八八年落成的建築，龐大的量體顯得笨重呆板，所以他在立面上用了藍色、紅色的面磚，希望切割量體，帶來活潑的感覺，不過因為建築物中有巨大的水族箱，不得不如此設計規劃。

大家去過海遊館的人，都會為那隻巨大的鯨鯊在水族箱裡洄游，感到印象深刻！不過我看著那隻巨大的水中生物，卻看見了牠巨大的眼睛中，映照著深深的哀愁與憂鬱，畢竟海遊館雖然巨大，對海中鯨鯊而言，卻還是有如牢籠一般，牠的內心嚮往著的，是那一片無止境的大海與自由。

HEP FIVE摩天輪與惠比壽塔

天保山的摩天輪雖然巨大，但是畢竟不是在鬧區中間，位於梅田鬧區的摩天輪Hep Five就是欣賞鬧區繁華夜景的最佳地點。Hep Five摩天輪位於購物中心上方，在百貨公司上方設置摩天輪，似乎是日本百貨公司的傳統，過去東京銀座很多百貨公司頂上都有遊樂場，其中最大的設施就是摩天輪；人們在購物的最後，來到屋頂樂園，然後搭上摩天輪進入高空，好像將資本主義商業模式帶到最高潮！

Hep Five的摩天輪並不是直接設置在屋頂上，而是部分卡在建築物裡，看得出是建築物設計時就一起構

Hep Five摩天輪是一座與百貨公司共構的摩天輪，顧客隨著購物節奏往樓上走，
最後搭乘摩天輪躍入天空，有如整個購物儀式的最高潮！

思的；也就是說，這個摩天輪基本上就是建築物的一部分，人們到最高層時，就可以進入紅色的摩天輪車廂，然後摩天輪就從建築物內轉出，上升到高空，這種戲劇性的乘坐經驗，讓整個過程更加刺激有趣！

因為是在梅田鬧區的上空，這座摩天輪也成為大阪情侶們的浪漫首選，在夜空中，居高臨下觀看城市燈火，讓情侶們的約會增添浪漫指數，促成了許多都會愛情美事。

觀光客聚集的大阪道頓堀居然也有摩天輪，而且這座摩天輪居然是「激安的殿堂」唐吉訶德商店建築的一部分，被稱作是「惠比壽塔」。這座摩天輪非常怪異，不像一般圓形摩

道頓堀「激安的殿堂」唐吉訶德竟然有一座造型怪異的摩天輪。

天輪，而是呈現一種橢圓形的狀態，車廂則是圓球狀，上升到頂端還會一百八十度轉向，讓觀光客可以飽覽道頓堀附近夜景。

這些年大阪的天際線又出現了新的摩天輪，二〇一六年在萬博公園旁的Expocity購物中心，建造了高度一百二十三公尺，號稱日本最高的摩天輪Redhorse Wheel Osaka，這座摩天輪的特色是完全透明的車廂，連地板都是透明玻璃，懼高症的人一定會嚇死！

不過在萬博公園旁搭乘摩天輪，可以從不同高度觀看萬博公園內的太陽塔怪物，這也是從地面上所看不到的角度，甚至可以從高空俯瞰太陽塔，還可以看到太陽塔後方，建築師黑川紀章所設計的國立民族學博物館，如果仔細觀察，可能也可以看到公園後方，建築師安藤忠雄所設計，位於社區內的光之教堂。

大阪的摩天輪提供了我們俯瞰大阪城市街區的機會，這樣的機會，過去只有帝王可以從天守閣上觀看，如今平民百姓只要買一張票，便可以像天使一般，展翅飛上天空，騰雲駕霧觀看這座城市，這是現代人獨有的特權呢！

HEP FIVE 摩天輪

地址：大阪市北區角田町5-15

電話：06-6366-3634

營業時間：11:00-21:00，營業時間可能會依照季節調整

交通：從阪急電車「大阪梅田站」北出口出來，步行約三分鐘

怪獸大街

THE STREET OF MONSTERS

03

漫步在大阪道頓堀、新世界，以及千日前地區，
你可以看見巨大的怪獸動物出現在眼前，
噴著煙霧的巨大螃蟹，舞動著螯剪；
成串的河豚漂浮在空中，猶如巨大的飛船；
還有纏繞扭轉的金龍，召喚著飢餓的人們。
這些巨型怪獸招牌，毫不躲藏、
也不畏縮地出現在街頭，張牙舞爪地，
吸引著人們的目光，
讓大阪市區猶如真實版的寶可夢世界。

怪獸大阪 Monster Osaka 03

那些真實寶可夢的街道以及它們的產地

在寶可夢的虛擬世界裡，到處都會出現奇特的神獸與怪物，但是在現實的大阪市區，居然也可以見到許多怪獸，它們毫不躲藏、也不畏縮地出現在街頭，張牙舞爪地，吸引著人們的目光，讓大阪市區猶如真實版的寶可夢世界。

如果照著寶可夢的屬性設定，你可以發現在寶可夢世界裡，不同的地理文化情況，就會出現不同屬性的寶可夢怪獸。

其實這樣的想法，日本文化中早已存在，《鹿男》作者萬城目學曾經出版關西三部曲的小說，包括京都《鴨川荷爾摩》、大阪《豐臣公主》，以及奈良的《鹿男》，他認為不同文化的城市，有其不同的代表怪獸，奈良是鹿，京都是狐狸，而大阪就是老鼠。因為京都是神靈的領域，所有的神社前都樹立著狐狸的雕像，而不是中國的獅子銅像；奈良的鹿也是大家熟悉的，牠們自由自在地漫步神社廟

山陰 松葉がに入荷

宇，就像是神明的使者，傳遞著某種信息；而大阪的屬性其實就是老鼠，因為大阪作為「天下廚房」，美食店家密集，正好是老鼠的天堂，而商業城市店家買賣的嘴臉，其實與老鼠有許多神似之處。

漫步在大阪道頓堀、新世界，以及千日前地區，你可以看見巨大的怪獸動物出現在眼前，噴著煙霧的巨大螃蟹，舞動著螯剪；成串的河豚漂浮在空中，猶如巨大的飛船；還有纏繞扭轉的金龍，召喚著飢餓的人們，這些巨型怪獸招牌，正符合大阪商業與工業城市的文化。商業文化影響下，促使商家製作大型圖像式招牌，讓人們一眼就可以看見，並且了解販賣商品的內容；而工業製造的能力，讓他們創造出可以活動的機械式看板。

ミニチュアアク
業務用食品サンク
ンプルから
チュアまで

づぼらや
たこ焼き

道頓堀
くくる
たこ家

HOTEL

浪速の味

一金龍拉麵與河豚生死學一

金龍拉麵可說是大阪街頭的平民美食，雖然大阪拉麵店很多，但是金龍拉麵攤前巨大的蟠龍造型店招，仍舊是很受人矚目的目標物。多年前，我第一次到大阪旅行，就被熱騰騰、飄送香氣的金龍拉麵攤所吸引，當年的金龍拉麵位於道頓堀裡，是屬於「立食」的攤位，顧客直接在販賣機上選擇要普通拉麵或是加量叉燒肉的拉麵，投錢取票，交給煮麵的伙計，就可以等著上麵享用。

金龍拉麵早期是立食的方式，顧客都是站在櫃檯吃麵，特別是寒冬

中，鑽進透明塑膠布圍塑的空間裡，頓時熱氣與香味瀰漫，眼鏡都被朦朧水氣所充滿而遮蔽視線，站在櫃檯前與眾多大阪勞工階層或平民百姓、學生等一起吃著拉麵，讓我有種融入這個城市常民生活的感覺。

最特別的是，金龍拉麵有大份量的佐料無限制供應，包括辣味泡菜及韭菜等特色佐料，讓拉麵更添重鹹滋味，是老饕的最愛！濃重的湯頭即使在麵吃完後，還是讓人捨不得丟掉，用來拌飯滋味更是美好，因此店家還用大電鍋煮飯，無限制提供白飯讓顧客取用，許多學生和勞工都會用剩下的湯頭拌入白飯，成為一碗滋味好吃的茶泡飯。

巨大的河豚招牌隨風搖曳，是圖像文化的最佳例證。同時也在饕客腦海中留下深刻的印象。

金龍拉麵目前在道頓堀、難波一帶有多家分店，同時也成為大阪觀光客的最愛，我至今到大阪旅行，仍然會抽空去吃一碗金龍拉麵，那是我體驗大阪常民生活滋味的開始，也是我關西旅行記憶的精華之一。

大阪街頭還有許多販賣河豚料理的餐廳，這些餐廳門口總會掛著巨大的河豚造型招牌，圓嘟嘟的河豚造型招牌，漂浮在街道上空，讓整條街充滿著海洋與美味的聯想。大阪不愧是「日本的廚房」，許多新鮮的海味都可以在這個城市品嚐到，對於許多老饕而言，河豚正是他們秋天打牙祭的最佳選擇。

國片《河豚》的導演李啟源表示：「河豚吃起來味美但又有劇毒，和愛情一

金龍拉麵 道頓堀店

地址：大阪市中央區道頓堀1-7-26

電話：06-6211-6202

營業時間：08:00-23:00

交通：從「難波站」14號出口出來，步行約五分鐘

樣。」大部分的人吃河豚的時候，只知道其中美味，李導演吃河豚居然可以體會愛情，果然是厲害人物！電影中用河豚暗喻愛情的甜蜜與魔力，對老饕而言，河豚可以說是人間美味，卻具有令人喪命的劇毒，因此李導演認為，「河豚就像愛情既會傷人，又存在著無限魔力的象徵。」

河豚的確是一種有劇毒的生物，特別是牠的內臟存在著毒液，這種毒液可以迅速殺死大型生物；自古以來就有「拚死吃河豚」的說法，不論中國、日本、台灣都曾經傳出有人因為吃河豚而喪命的意外事故。日本當局為了管控河豚料理，規定所有河豚料理師傅都必須經過嚴格的考試，他們必須要在規定的時間內，分解河豚身上不同的器官，不可以讓毒液破裂流出，才能取得證照，成為正式的河豚師傅。

不過聽說真正厲害的河豚師傅，不只能夠除去河豚體內的劇毒，他還可以斟酌如何留下一點點的毒液，這些毒液的劑量剛好可以讓客人的舌頭麻麻的，有中毒的感覺，卻不致於致命。

對於很多河豚老饕而言，他不要去吃那些毒液清除乾乾淨淨的河豚料裡，因為那跟吃一般魚沒有太大的不同；他們希望吃河豚的過程，是一種味覺的冒險，要吃到「好像要死，卻不會死」的境界。

這種拚死吃河豚的冒險精神，也感染了建築師的設計創意，京都建築師若林廣幸試圖在古老的京都市區，創造出一些建築新意。他找了一間京都的老舊建築作為他的事務所，這棟老建築原本是一家河豚料理店，他的意思就是希望運用河豚料理的冒險精神，來從事他在京都的建築冒險。

建築師若林廣幸後來在京都祇園，設計建造富古典機械美學的建築「丸東十七號」、「丸東十五號」等，這些建築猶如異形怪物，從古老懷舊的社區內竄出，展現出前衛機械的建築新形態，被稱作是「京都的異形」。這些建築有如在沉寂死水般的城市中，注入一劑強心針，為京都城市的未來埋下伏筆，這些建築就是以一種拚死吃河豚的冒險精神所創造出來的！

我常常去看那間河豚料裡店改造成的建築師事務所，然後回到大阪去吃河豚料理；說實話，我並沒有那麼喜歡吃河豚，但是以拚死吃河豚的精神創造出的建築，卻是常常令我回味無窮！

一神社中的巨獸一

逛遊在大阪市區難波地帶，熟悉的街景近來似乎沒有什麼令人興奮的新建築。失望之餘，忽然在街角看見一張海報，海報上的照片是一座奇特的建築，建築造型根本就是一隻獅子，令我十分驚奇！仔細一瞧，才發現原來這是一張南海電鐵所貼的舊海報，目的是宣傳南海難波地區的名勝古蹟，吸引人搭乘南海電鐵到此一遊。

海報上的建築是難波的八阪神社，這間神社建築不同於傳統的神社建築，日本神社中常見到石獅子或狐狸（稻荷神社），甚至有些神社會有招財貓的供奉，不過類似怪獸般的巨大獅子雕像卻是十分少見。

以動物的身體作為建築設計，是一種關於身體的隱喻；台灣左營春秋閣、龍虎塔，就是以龍虎之口，作為建築物的出入口，甚至宣告「入龍喉、出虎口，消災解厄、增吉祥」；《舊約聖經》〈約拿記〉也描述過先知約拿被大魚吞進魚腹中三天三夜的故事，似乎從巨大怪獸動物的口中，可以進入一個有別於現實的奇異世界裡，塑造出一種超現實的空間情境。

事實上，一般民間宗教在商業競爭下，越來越多寺廟試圖以巨大的神像或神怪動物雕像，做為寺廟的宣傳廣告物，巨大的怪獸建築在公路旁的確可以達到吸睛的效果，台灣南二高路段也可

難波八阪神社

地址：大阪市浪速區元町 2-9-19
電話：06-6641-1149
營業時間：06:30-17:00
交通：從「難波站」出口出來，步行約十分鐘

以看見許多巨獸般的神像，矗立在公路旁山丘上，希望吸引用路人前往朝聖。

這些巨大神像或怪獸，讓宗教信仰淪落到成為後現代主義風潮下的公路廣告建築或迪士尼遊樂場，以譁眾取寵的誇張手段去求取最大的集客力。

我突然想到蔡明亮電影中所說的：「如果身體是一個容器，什麼東西可以填滿他。」慾望怪獸的深邃口腹，其實是永遠無法填滿的，這些以募集更多香油錢為目的的寺廟，正如巨獸般張大嘴巴，充滿了貪婪與不滿足。

不論如何，巨大的動物建築，對於觀光客而言，仍然具有強烈的吸引力，站在巨大怪獸的面前，看著獅口中令人驚恐的巨大獠牙，有種羊入虎口的威嚇效果，或許對於心中有惡念的人，可以達到警世的目的；但是對於喜愛奇怪建築的人而言，這又是一次充滿趣味的城市驚奇之旅。

巨大的獅子神社建築，與前方正常的石獅子，成為強烈的對比。

章魚溜滑梯與魚舞咖啡館

大阪是一座「水都」，擁有水利之便，也很容易取得海鮮水產，因此對於魚貨而言，可說是大阪民眾非常熟悉的事物；大阪地區也有一些具有趣味性，符合水產主題的建築，成為大阪地區令人矚目的特色建築。以隨處可見的公園溜滑梯為例，一般我們所熟悉的溜滑梯，多是所謂的「大象」溜滑梯，東京地區則可以看見「恐龍」溜滑梯，而大阪地區社區公園裡的溜滑梯卻幾乎都是「章魚」溜滑梯。

這樣的現象是可以理解的！因為大阪地區章魚料理十分普遍，而大阪地區流行的章魚燒，也是觀光客必吃的一種當地特色美食，因此大阪的公園內，就以章魚作為溜滑梯的造型特色。雖

山眼科

然章魚溜滑梯在不同的公園裡，以不同的顏色呈現，但是其基本造型都是一樣的。

章魚溜滑梯比起大象溜滑梯來得有趣好玩！因為大象溜滑梯多是從大象的鼻子滑下來，一隻大象終究只有一隻鼻子；但是章魚溜滑梯可以從八條觸角滑下來，每條觸角又呈現不同的扭轉形式，十分富有變化，也因此章魚溜滑梯成為大阪的城市特色之一。

有趣的是，丹麥哥本哈根二〇一三年開放的 Superkilen Park 城市公園，為了展現不同種族的多元特色，竟然也在公園中設置了一座黑色的章魚溜滑梯（見上圖），可見這種章魚造型溜滑梯多麼受到民眾喜愛。

除了隨處可見的章魚溜滑梯之外，神戶地區也有一座與水產造型有關的建築，而且這座建築作品竟然是出自於當今最厲害的國際建築師法蘭克・蓋瑞（Frank Gehry）先生的手筆。這座以魚為建築造型的餐廳，是我認識建築師法蘭克・蓋瑞的第一件作品，當年到神戶港旅行，驚見一隻巨大鯉魚躍起，呈現扭力與動感之美，讓年輕剛畢業，只知道歷史建築語彙的我驚訝不已！心中讚歎著：原來建築也可以這樣表現！

法蘭克・蓋瑞曾說：「如果你想要復古，為何不回溯到三億年前的魚，要拿過去做參考，就回到遠古時期吧！」他這樣的思維，讓蓋瑞的建築不同於當年後現代歷史主義建築師們的作品，展現出一種屬於新世紀數位時代的建築風格。

蓋瑞小時候住在加拿大多倫多，身為猶太人的後裔，他外婆經常去一個叫做肯辛頓街（Kensington Avenue）的猶太市場買鯉魚，商人用濕蠟紙包住魚，然後讓她帶回家，回家後就先把魚放在浴缸，蓋瑞就和他妹妹、表兄弟姐妹們跟鯉魚玩，天天看著鯉魚在

神戶的「魚舞」咖啡店是解構主義大師Frank Gehry第一隻「魚建築」的作品。

浴缸裡游來游去，一直到有一天，鯉魚不見了！結果晚上餐桌上就出現猶太人傳統的魚丸料理。蓋瑞回憶說，他當時還未意識到這兩件事之間的關聯性。

後來蓋瑞又受到日本鯉魚畫家歌川廣重的浮世繪影響，深深被鯉魚的美感所吸引，也因此潛心研究魚兒游泳的形態。八〇年代中期，在日本業主的要求下，蓋瑞第一次有機會設計出第一棟「魚建築」，被稱作「魚舞餐廳」（Fish Dance Restaurant），神戶大地震時，旁邊的高架橋都柱斷橋毀，魚建築卻沒有太大損害，後來還請來日本建築師安藤忠雄整修。地震後，餐廳歇業，改開一家西式的咖啡館，取名為「Cafe Fish」。

日本人喜歡吃生魚片，中國人喜歡鯉魚躍龍門的吉祥象徵，因此蓋瑞的魚建築在

東、西方應該都很受歡迎！蓋瑞從這隻鯉魚開始，繼續創作了許多與鯉魚線條有關的建築，包括巴賽隆納奧運村上巨大的編織魚，以及後來驚動全世界的建築奇蹟——畢爾包古根漢美術館，不過這隻魚已經變形改換面貌，片狀的魚身，比較像是廣東料理桌上的松鼠黃魚。

魚舞咖啡館有著巨大的鯉魚當地標物，即使從阪神高速公路上經過，也可以看見，我每次到神戶，總要進去用餐或喝咖啡，體會一下建築師蓋瑞對鯉魚的奇妙喜愛之情：看著這棟魚建築，我彷彿看見了七十多年前，一個猶太小男孩，蹲在浴缸旁邊，聚精會神地盯著水裡的鯉魚。

Cafe Fish

地址：神戶市中央區波止場町2-8
電話：07-8334-1820
交通：從JR「元町站」東口出口出來，步行約八分鐘

怪獸大阪 Monster Osaka 03

來自異次元的太陽怪物

從大老遠望去，就可以看見大阪天際線上，出現一隻巨大的怪物，這隻怪物不太像《哥吉拉》電影中的怪獸，反而比較像是《新世紀福音戰士》動漫中的異次元怪物，是一種抽象、圖案化的怪物，而不是像一般的生物。

日本作家森見登美彥的小說《太陽之塔》中，這樣形容著：「它像是從異次元宇宙的彼方突如其來飛來這裡，然後就動也不動地矗立在大地之上。這個太陽之塔，上上下下都瀰漫著一股沒有人插手造成的味道。」

「乍看之下，所有人都會被那異樣的巨大，以及它本身的造型所懾服，它那滑溜而彎曲的體格，還有倏然從兩側伸出，有如溶解般的手腕，頂部是一張金黃閃耀的臉，腹部是一張塗了深淺不同的灰色，正面是噘著嘴好像在生氣的臉，背面則是一張平面的黑臉，而這張臉看起來，讓人感覺很不舒服。」基本上這座巨大的怪物，讓人心存恐懼、不安，有一種強烈的違和感。

萬博會裡的異形

一九七〇年的大阪萬國博覽會，被認為是歷史上最偉大的萬博會之一，這場日本戰後的大型國際活動，基本上就是日本戰後復甦，科技與設計實力的展現，讓全世界看到一個重新奮起、充滿動能與爆發力的新社會。

萬博會上的建築展場規劃，更是日本建築師們卯足全力，使出渾身解術的精彩力作，建築教父丹下健三帶領著他的學生磯崎新、黑川紀章等人，設計規劃整個萬博會場，他們藉此機會實驗未來建築的種種可能性，特別是年輕的建築師們，也藉此宣揚他們前衛的「代謝派」建築理論。

不過這個未來建築實驗場卻被一座詭異的怪物高塔介入而產生異變。萬博會雖然是由丹下健三等建築

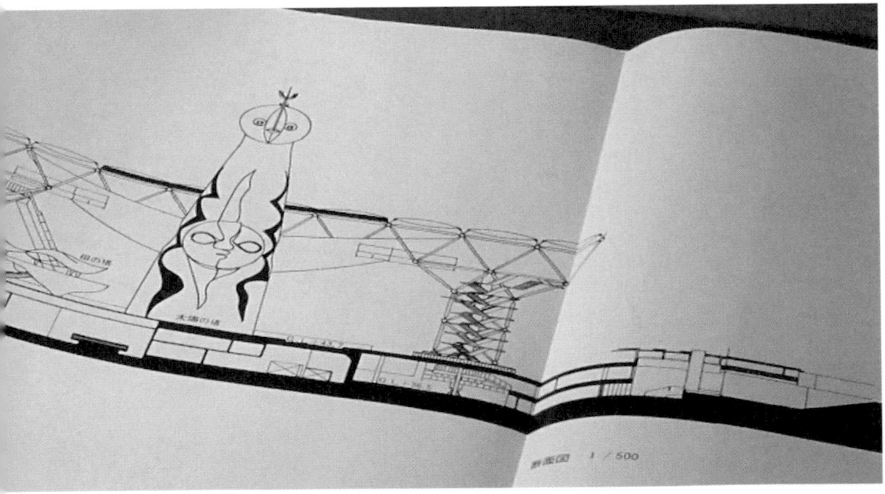

從大阪萬博會剖面圖中，可以看出太陽塔是從原本的大屋頂破繭而出！

師規劃設計整個園區，但是大會卻也找來藝術家岡本太郎負責萬博會的藝術作品，岡本太郎是日本當時非常具爆發力的藝術創作者，他的名言：「藝術就是爆炸！」讓人感受到他試圖去打破一般日本人溫和細膩的刻板印象，但是這也是讓現代主義建築師丹下健三幾乎受不了的原因。

岡本太郎認為，丹下健三等人所設計的萬博會場太過平衡無趣，需要一個爆炸性的元素置入，因此設計了一座七十公尺高的巨大雕塑物，試圖去製造出新的動能，一種生命力旺盛的象徵。這樣的巨大異形怪物要被置入建築師們的精心規劃中，對於現代主義建築師們情何以堪，他們與岡本太郎協調，希望他降低太陽塔高度，讓高塔可以收納於他們的廣場大屋頂之下，但是岡本太郎這樣的藝術家是不可能妥協的，因此在衝突與堅持之下，建築師們只好將廣場巨大屋頂打開一個圓洞，讓太陽塔可以破頂而出。

太陽塔的世代

巨大的太陽塔成為一九七〇年大阪萬博會最重要的視覺地標，這座怪物般的巨塔也在當年的日本小孩內心中留下了深刻的印象。漫畫家浦澤直樹的《二十世紀少年》，後來拍攝成電影，其中最重要的場景就是太陽塔，那個在少年時期就影響著他們生命的重要事物。

其實這場萬博會不只有太陽塔，還有許多令人驚奇的科技想像，比如透明泡泡造型的洗澡機、可以複製堆放的膠囊居住單元等等，這些事物帶給世人對未來的無限憧憬與樂觀想像，而那個世代的日本小孩對未來則是充滿了希望與光明，太陽塔這個奇怪的象徵物，基本上就代表著這個世代對未來的種種情緒。

太陽塔巨大的量體在現在的萬博公園裡，其實是很嚇人的！許多父母帶著小孩來公園玩，初次見到這座高塔

大阪萬博紀念公園

地址：大阪府吹田市千里萬博公園1-1
電話：06-6877-7387
營業時間：09:30-17:00，每週三公休
交通：從「萬博紀念公園站」出口出來，即可抵達

太陽塔巨大詭異的造型，猶如外星侵入的怪獸，許多小孩第一次見到都很害怕，甚至大哭起來！

的小孩，常常會被怪異的造型嚇得大哭！因為這座高塔居然有臉孔，像是一隻異形怪物，恐怖又嚇人。太陽塔共有四張臉，前面的臉孔是代表「現在」，後面的黑色太陽臉孔則是代表「過去」，而頂上的金色臉孔代表著「未來」，地底下還有一張神祕臉孔，但是這些年一直封閉未能讓人參觀，直到二〇一八年太陽塔整修完畢，才正式開放讓人一睹內部玄機。

太陽塔內部有一棵金屬打造的生命樹，高約四十一公尺，樹上掛著許多生物，從阿米巴蟲、爬蟲類、恐龍到人類都有，象徵著生命的進化過程。這株生命樹枝葉茂盛，猶如支撐太陽塔生命的血管、神經系統，讓人感覺這座太陽怪物其實是有生命的！讓人不得不承認岡本太郎確實是一位鬼才，他所創造的世界是我們從未想見的奇幻國度。

在萬博會期間，曾經發生過一件太陽塔被「劫持」的事件，一位赤軍連的年輕人攀登到塔頂，坐在太陽塔金色臉孔上，高喊抗議口號，因為他將通道阻擋住，警方無法登頂，又怕刺激他做出不智的舉動，因此雙方一直維持著僵持

的狀態，創作者岡本太郎本人也來到現場，他非常生氣，認為這個抗議者褻瀆了太陽塔。事件維持了整整一百五十九個小時，抗議者才自己下來。他聲稱他不同於一般的「劫持者」（hijacker），他是一個「劫眼者」（eyejacker），他藉著這個舉動，劫持了許多媒體的眼球，讓全世界的人看見太陽塔，不過這件事情也讓大阪萬博聲名大噪，吸引更多人前來參觀，這也是這個抗議者意想不到的結果。

另外還有一件非常有趣的事，當年世界博覽會期間，北一女中的樂儀隊還曾經前往表演，從歷史照片中顯示，表演地點就是在太陽塔前的廣場，當年那些青春的北一女樂儀隊學生，如今應該多已成為祖母級的人物，我真的很好奇她們當年第一次望見巨大太陽塔時的心情是何等的激動與震驚？相信一定在她們年輕的心靈中，留下深刻強烈的印象吧！

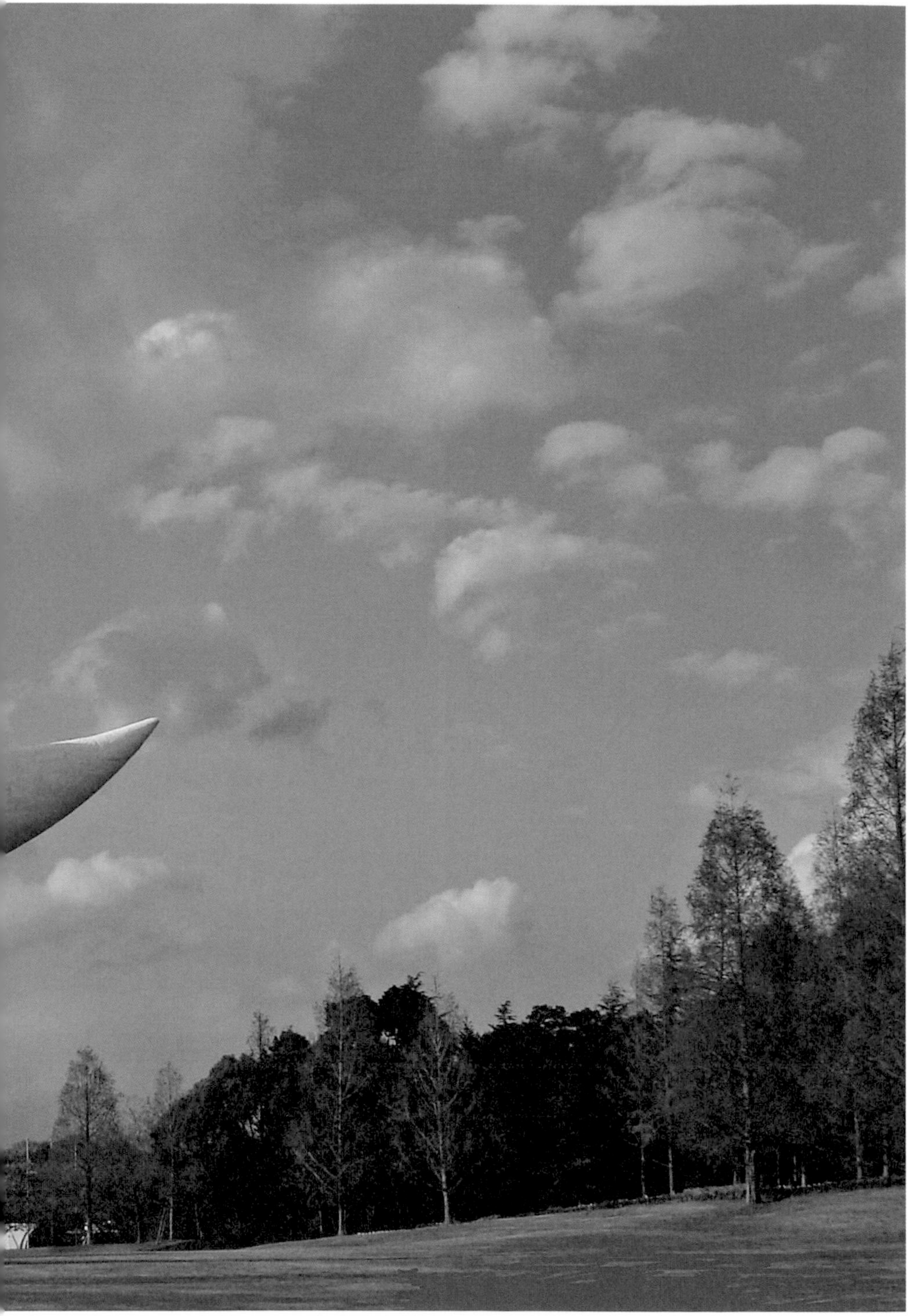

大阪萬博會的前衛建築，幾乎都被拆除殆盡，只剩下詭異的太陽塔依舊屹立不搖。

未來的建築就是廢墟

三芝飛碟屋原本是非常前衛的建築規劃，但是最後卻成廢墟。

大阪萬博會結束之後，那些看似高科技、前衛的建築結構與構造物，慢慢腐朽鏽壞，整個園區淪落為具科幻感的廢墟，應驗了建築師磯崎新所說的：「未來的建築就是廢墟，廢墟就是未來的建築。」

這個科幻世界淪為廢墟的場景，讓我想起台灣北海岸也曾經有類似的案例，當年在北海岸三芝地區，有一座非常有名的飛碟屋樂園廢墟。那是一座開發商興建的前衛建築開發案，他們採用了預鑄方式建造飛碟屋，然後裝置於已經架構好的混凝土結構架上，做法與六〇年代日本代謝派的理論相似，不同顏色的預鑄飛碟屋安置在海邊，看似前衛又超現實，可惜建商的想法在當年實在太前衛，市場並不如預期，最後棄置成為荒場，飛碟屋也逐漸破敗毀壞，成為一座充滿科幻色彩的廢墟。

三芝飛碟屋廢墟的建商，當年還將當地規劃成主題樂園，有水底餐廳、中國童話故事主題的花園等等，因此入口處是中國城門，並有蛟龍盤據，花園中有花果山、有猴子、嫦娥等人物塑像，與前衛科幻的飛碟屋形成極大的對比，當一切夢想破滅時，所有的想像與規劃，突然都歸於一場空，就像是午夜的灰姑娘一般，在鐘聲響起時，突然變回困頓的現實。

大阪萬博園區也是如此，一切的科技未來想像，最終成為廢墟荒場。後來市政當局拆除了所有的博覽會構造物，只保留了巨大的太陽塔，然後將整個園區闢建為萬博花園，讓所有市民在週末假日有地方可以休閒玩樂，這裡也成為大阪市民帶小孩活動的最佳場所。

半個世紀前的未來想像，至今仍然讓人感到前衛與刺激，只可惜所有的未來建築，最終敵不過時光的消磨，終於傾倒毀壞，成為廢墟，甚至最後消失無蹤，只剩下傳奇詭異的太陽塔，繼續在大阪的天際線上，成為這座城市巨大的驚嘆號！

怪獸大阪 Monster Osaka　03

老鼠城的貓咪行銷術

貓咪鐵道的起死回生

老鼠城居然有貓咪列車?!

小說家萬城目學把老鼠視為大阪的象徵物，是很有意思的聯想，因為大阪本來就有「天下廚房」的美稱，廚房裡食材豐富，老鼠橫行是理所當然的；當然鼠輩們的嘴臉也與大阪商人的精明狡猾很類似，以老鼠作為大阪的代表動物，令人內心莞爾。

貴志
KISHI
TAMADENSHA
2705
ワンマン
TAMA DENSHA
たま電車
TAMA
たま電車
WAKAYAMA ELECTRIC RAILWAY
和歌山電鐵貴志川線

一貓咪行銷術一

有趣的是，老鼠城居然有一條貓咪鐵道，廣受大家的喜愛！事實上，這條貓咪鐵道並不在大阪城內，其實是條位於南部和歌山的私人鐵道——貴志川線鐵道。

和歌山市貴志川線的鐵道，原本是一條慘淡經營的地方電車線，幾年前收養了一隻流浪貓小玉，後來靈機一動，為這隻貓戴上站長帽，讓牠在貴志車站亮相，充當站長一職，想不到居然一炮而紅，這隻花貓小玉成了全國知名的「站長」！同時也吸引了成千上萬人湧到當地，想要一睹貓咪站長的可愛模樣。

貓咪列車的設計者水戶岡銳治設計的列車，不僅帶給人幸福感，也肩負有振興地方觀光的責任。

貓咪站長使得奄奄一息的貴志川線鐵道重現生機，也使得原本沒什麼景點的和歌山市，開始有遊客進進出出，周邊的商業效應逐漸浮現。後來鐵道天才設計師水戶岡銳治特別為貴志川線電車設計了三輛與眾不同的電車，分別是貓咪列車、草莓列車，以及玩具列車。這些電車不僅外部造型塗裝不同，內部設計也獨樹一格，包括有成排的扭蛋玩具機，擺滿童書繪本的書架，甚至還有供幼兒玩耍的床，十分吸引小朋友！

設計三輛不同主題列車也是一種商業策略，小玉貓咪列車當然是主打的主角；草莓列車則是因為附近田野種植許多草莓，鮮紅豔麗的顏色，總是吸引著遊客目光的焦點；而玩具列車是小孩永遠的最愛，喚起人們的童心與懷舊記憶。主題列車每天都不同，遊客來到此地，無法預期會搭到何種列車，因此如果這次搭到草莓列車，下次還想來搭貓咪列車，或是玩具列車，創造了多次旅遊的可能性。

水戶岡銳治是位充滿理想的鐵道設計師，有人說他是「幸福列車」的設計師，因為他設計的列車不只是交通工具而已，他希望他所設計的列車本身就成為當地的特色，成為當地的觀光景點，藉此吸引人來到此地，創造地方的觀光財富。他的列車設計有三個原則：

一、打造獨一無二的車廂。

二、創造地方居民城鎮之寶。

三、設計是蓬勃城鎮的要素。

水戶岡鋭治設計的玩具列車。

所以水戶先生所設計的列車都是獨一無二的，只有當地才有的特色列車，觀光客一定要親身到當地才能體會得到。水戶岡銳治除了設計和歌山小玉貓咪列車之外，也在九州設計了許多各具特色的鐵道列車，其中最受小朋友歡迎的Aso Boy黑狗列車，創造了一隻可愛的小黑狗造型，成為足以與小玉貓咪列車相抗衡的另一動物主題列車，展開了另一個鐵道界的「貓狗大戰」。

和歌山原本就沒有太多旅行特色，但是可愛別緻的電車造型設計，吸引了鐵道迷與貓迷們瘋狂追逐，讓貓咪列車與貓咪站長立刻成為和歌山最具吸引力的事物，原本遊客稀少的和歌山，假日開始湧入許多觀光客，他們都是衝著貓咪列車與貓咪站長小玉而來。

賺了錢的貴志川線開始打造更厲害的吸金道具——小玉貓咪車站，他們將整座貴志車站改建成一座富童話色彩的貓咪車站，所謂的貓咪車站就是一座「擬貓化」的車站，斜屋頂的開窗與屋頂脊梁上的突出物，形成了貓咪的眼睛與耳朵，整座車站活像是一隻貓咪的臉似的，更有趣的是，屋頂上的英文字寫著「TAMA」（小玉）字樣，貴志車站從此化身為小玉貓咪車站。

車站內有小玉博物館，並有商店販賣小玉貓咪的紀念品，想必所有來此追貓的鐵道迷或貓咪迷都將會毫不猶豫地掏錢購買。不僅是貴志站的吸金手法驚人，其他沿線車站也設計出「小玉自行車」出租、「小玉遊覽巴士」、「小玉路面電車」等等貓咪相關產品，大家都想靠小玉貓咪大撈一票。事實上，這隻流浪貓的確為和歌山市帶來了生機，這項結合創意與設計的貓咪策略果然大大奏效！

更有趣的是，小玉貓咪車站月台上，矗立了三座木造的小神社，仔細一看，才發現一棟是「貓咪神社」、一棟是「草莓神社」，另一棟則是「玩具神社」，這種幽默有趣的設計行銷手法，讓人不禁嘆為觀止。每年聖誕節日本貴志川線鐵道舉辦了點燈活動，點燈的主角人物，是有名的小玉貓咪站長，牠用自己的貓掌按下了按鈕，然後聖誕燈飾亮起，點燃了整條鐵道的觀光熱潮！

後來小玉貓咪逐漸呈現老態，也比較少出現在車站迎接遊客，電車公司本來想找一隻替身來代替小玉，但是又怕遊客不買單，最後只好製作一副大型卡通貓咪裝，讓工作人員扮成可愛版的小玉貓咪，天天在車站前娛樂遊客們，也算是另一種變通的辦法。

二〇一五年六月世界上最紅的小玉貓咪站長因急性心臟衰竭病逝，享年十六歲（相當於人類八十歲）。和歌山電鐵公司為小玉舉行了最高規格的「社葬」，和歌山縣縣長等當地政要及和歌山電鐵社長等公司要員均出席小玉的喪禮，喪禮場外更有來自海內外的三千多名粉絲送別這位可愛的貓咪站長，小玉貓咪站長過世之後，站長一職由第二代，稱為「二玉」的貓咪來擔任。

一隻貓可以帶來多少經濟效益？答案是十一億日幣！這樣的事真是令人覺得不可思議。貓咪列車在老鼠城外，也算是讓城內老鼠

們留一條生路，不過來到大阪老鼠城的朋友們，還是要找機會出城南下，到和歌山尋覓這隻可愛的貓咪。

一隻貓的經濟效益如此驚人，讓我想到台灣猴硐車站也有許多貓咪，貓咪迷經常前去探訪餵食，如今已有「貓城」的美稱，若是能夠好好加以規劃設計，加上原有的礦業歷史遺跡，想必可以吸引到更多遊客，成為台灣另一處熱門景點，開創出令人意想不到的商機。

貴志車站

為無人車站，名義上由貓咪小玉鎮守，可自由參觀

M A

貴志車站造型就像一隻貓咪的臉，屋頂上「TAMA」指的就是小玉。

04

大阪城的心臟

THE HEART OF OSAKA

中之島是個奇妙的城市心臟，
古老與前衛並陳的美妙地區，
逛遊中之島才能讓你真正體會
大阪這座城市的繁榮歷史與華麗身世。

中之島公會堂與大大阪的光榮

大阪公會堂位於中之島上，那是一塊被堂島川、土佐崛川所圍繞的河流中央島狀土地，如果從空中俯瞰，中之島根本就是大阪水系網絡的中心點，加上大阪重要的公共建築設施包括公會堂、圖書館、銀行、市政廳、最早的公園等，都安置在這裡，所以這座島嶼幾乎就是大阪的心臟地帶。

日本在二十世紀初期努力西化，試圖去建構可以與西方世界平起平坐的現代城市，因此仿效羅馬城市的建設，在所有城市裡都設置建造公會堂，作為市民集會的地方，依照城市的大小與繁榮程度，各地的公會堂也有大小華麗的程度差異，東京日比谷公園裡的公會堂與大阪市的公會堂因為地處大型城市，公會堂建築特別精緻華麗。

東京日比谷公會堂是當年 Art Deco 時期的時髦建築風格，立面垂直線條，與紐約當年的建築潮流不相上下；而大阪中央公會堂則以文藝復興古典建築的形式呈現，紅磚與石材併用，十分華麗精緻，可以說是日本公會堂建築的

SEKISUI

一九一八年建造的大阪公會堂。

極致之作（這類的作品十分類似台灣當年的總督府建築與公賣局建築），可見大阪城的確是一座繁榮富裕的工商大城。

不過大阪公會堂的建造並不是政府出錢的，而是由一位商人岩本榮之助所捐贈，他當年曾去美國考察，看到美國富人常會贊助慈善公益事業，深受感動，因此回國後就捐出一百萬日幣（當年內閣總理大臣月薪也不過一千日幣）來興建公會堂。岩本榮之助雖然捐款建造公會堂，但是卻未能見到公會堂的落成，因為就在完工前兩年，他因投資失敗破產，竟然舉槍自盡！當時有人勸他把捐款拿回來救急，但是他認為將捐出的錢拿回來，不符合大阪商人的義氣。因此落成典禮上，是由他的妻兒出席。捐款建造的人，竟然看不見建築的落成，實在悲哀！

當年台灣在日本統治時期，也在所有城鎮設置建造了公會堂。台灣光復之後，這些公會堂都被改為「中山堂」。台灣最華麗的要屬台北市的公會堂，這座建築後來改名為「中山堂」，且成為遷台國民政府的國民大會地點，蔣公與蔣夫人在此也有辦公室，經常出沒此地，可見這座建築之華麗漂亮，連國民政府官員都很喜歡。

台北城的公會堂讓台北市晉升現代化的文明城市，整個城中區不僅有高水準的公會堂（劇院、音樂廳），還有公會堂前的廣場、雕像等，加上火車站、博物館、新公園，幾乎與歐美現代城市規劃不相上下，也印證了台北市在當年的確是一座建設完善的漂亮城市。

台北的公會堂建造時，因為已經接近戰爭的年代，因此外觀顏色採用偏綠色系的國防色，與

從大阪公會堂華麗的內部來看，可以知道當年這座城市是何等地繁榮與富庶！

大阪公會堂的華麗建築色調相較，顯得低調樸素，不過仍然是台北城十分高檔氣派的建築，在國家音樂廳尚未完工的年代，中山堂一直是台北市最棒的音樂演奏廳。

大阪公會堂可說是「大大阪」繁華年代的重要文化資產，幾年前曾經進行整修工程，安藤忠雄因為身為大阪人，也提出了具有創意的公會堂整修提案，在安藤忠雄的公

紅磚色的大阪公會堂，非常華麗漂亮，是大大阪富庶年代的歷史遺產。

安藤忠雄所設計的車站建築，就在中之島公會堂對面，可說是安藤忠雄最接近大阪心臟的作品。車站內部還有展示空間供藝術家展出作品。

會堂整修提案中，他將整個室內塞進一顆巨蛋（從建築剖面來看，室內大會堂的空間形狀真的就是一顆蛋的形狀），充滿前衛創意！可惜安藤先生的提案並不為大阪市政當局所青睞。

目前這座華麗的公會堂建築在整修後，成為大阪市中心重要的城市地標建築，許多重要的音樂會及市民集會都在這裡舉行，讓這座建築依舊扮演著「公會堂」的角色。我喜歡在中午前去中之島，逛遊大阪市政廳前的日本銀行老建築，以及市政廳後方的老圖書館建築，圖書館二樓的典雅咖啡廳，也是我喜歡的城市祕境咖啡館，特別是在春天櫻花盛開，或是秋天銀杏燦爛之際，這些古典建築更顯得美妙動人！公會堂底層的餐廳維持著古典的風格，著正式服裝的侍者與雪白

在公會堂底層的高級餐廳用餐，經典的紅酒牛肉蛋包飯是物超所值的最佳選擇。

的桌布，呈現出一種高級感，與中之島公會堂建築十分搭調，中午限量的紅酒牛肉蛋包飯是CP值極高的餐點，常常不到中午就已賣光。

雖然安藤忠雄當年未能拿到公會堂整修案，但後來他終於在中之島設計了一座地鐵車站，就位於公會堂前方，簡潔的地鐵站，在「水都大阪」的活動中，也曾扮演展覽場的角色，由藝術家矢延憲司的作品進駐。矢延憲司的作品經常出現反諷科技與反核的主題，特別是一位穿著鮮黃色輻射防護衣的歐吉桑，更是他作品中經常出現的人物，在地鐵站中出現的黃色防護衣人偶，以及蒸汽龐克式的機械裝置，軌道上移動的金屬神祕容器，讓這座地下空間充滿奇幻的氛圍。

大阪市
中央公會堂

地址：大阪市北區中之島1-1-27
電話：06-6208-2002
營業時間：09:30-21:30
交通：從「淀屋橋站」1號出口出來，步行約五分鐘

中之島國立國際美術館，猶如地底怪獸，破土而出！

中之島還有一座令人驚奇的美術館：國立國際美術館，這是美國知名建築師西薩・佩利（César Pelli）所設計的美術館，深藏於地底下，地表上只露出怪獸骨骸般的支架，深藏不露卻又有些囂張！

原來在中之島這塊基地裡，還有另一座大阪市立科學館，美術館如果直接蓋在旁邊，會顯得壓迫感很重，所以建築師努力將美術館量體藏到地底下，然後在地面上用竹竿般的線條，塑造出天窗以及入口的意象。

地面上的線條結構，有如中國書法的龍飛鳳舞，與周邊的建築相較，甚至有些狂野不羈！對於日本建築師而言，很難有這樣施展的空間，但是對於一個

國立國際美術館大部分空間都隱藏在地底下，從採光井引入自然光線，照亮草間彌生鮮紅的作品，猶如怪獸跳動的心臟一般。

外國建築師來說，似乎就沒有什麼包袱，可以大肆揮灑創意。或許，日本建築師也需要外國建築師的刺激，才能從壓抑的氛圍中覺醒；不只是日本人，我們也都需要有異質文化的刺激與交流，這也是港口商業城市的優勢吧！

基本上，整座美術館的設計非常合理優秀，地面上的虛空間不會讓人有壓迫感，同時也吸引人們的注意；從入口電扶梯而下，天窗光線洩入地底，所有美術館的大廳服務空間幾乎都有天然光的照耀。有一次草間彌生在此展覽，就將她的點點怪物懸掛在天窗下的挑空空間，漂浮在天光中的作品，顯得亮麗而炫目。

中之島是個奇妙的城市心臟，古老與前衛並陳的美妙地區，逛遊中之島才能讓你真正體會大阪這座城市的繁榮歷史與華麗身世。

國立
國際美術館

地址：大阪市北區中之島4-2-55
電話：06-6447-4680
營業時間：10:00-17:00，週五、週六10:00-20:00，週一公休
交通：從「渡邊橋站」2號出口出來，步行約五分鐘

大阪城異文化建築與點心

─北濱歷史建築與甜點的療癒─

甜點其實是一種文明的象徵，日本近代白糖的使用量大增，被視為文明開化的結果，特別是西方傳入的糕點，更成為一種高檔的食物，享受西式糕點也成為都市貴族的專屬特權；正如當年日本不斷地向歐美各國取經，學習西方帝國的種種，包括飲食習慣以及建築形式，西洋古典建築與洋菓子幾乎就成為了日本近代高檔貴族的象徵物。

大正後期到昭和初期，大阪被稱為「大大阪」，因為在那個

大阪證券交易所大樓，保留前方歷史建築，後方改建為現代摩天大樓。
（左頁圖為改建前，上圖是改建後）

年代裡，大阪充滿著富裕與繁華，同時也引進了許多西方古典建築形式，讓整個大阪城市面貌改變，晉升世界級城市之林。

大阪市區存留最密集西方古典建築的區域，要數北濱地區了，小說家萬城目學也說，他的小說《豐田公主》中所談到的大阪國入口老建築「長濱大樓」，就是以這附近的大樓作為參考所創作出來的，當時他就常常到附近閒逛，觀察這些大大阪時期的建築。

從中之島越過難波橋，可以看見橋墩兩岸各坐著的兩隻獅子，這幾隻西方的獅子有如倫敦特拉法加廣場（Trafalgar Square）上的巨大獅子像，象徵著進入一個富庶繁華西方建築世界的入口意象，許多大阪人對於這幾隻獅子印象十分深刻，因此也喜歡將這座橋稱作是「獅子橋」。

大阪證券交易所大樓

地址：大阪市中央區北濱1-8-16
電話：06-4706-0800
營業時間：09:00-16:30，週末公休
交通：從「北濱站」1B出口出來，即可抵達

獅子橋後方的銅像與圓弧形宏偉建築是大阪證券交易所大樓（一九三五），也是整個大阪城的金融中心，銅像人物是五代友厚，他是推動大阪經濟發展的重要人物。證券交易所大樓已經改建過，保留了圓形宏偉的大廳，後方則是新建的高層辦公大樓，這種歷史建築保存方式，也是近年來日本城市發展過程常見的做法，大樓底下甚至連接地鐵出口，可以直接到達證券所圓形大廳，親身感受證券交易所當年的宏偉氣勢。

獅子橋正對著馬路即是「堺筋」，現今的大阪市區最重要的道路是「御堂筋」，但是昔日的大阪，「堺筋」才是最主要的城市街道，因此這附近林立著許多華麗的古典建築，有趣的是這些古典建築有的被改造成甜點蛋糕咖啡店，讓民眾可以在內品嚐蛋糕與咖啡，同時也品嚐了這些古典建築的風華絕代！

位於堺筋上的新井大樓是一九二二年的建築，建築底座有四根列柱，上層建築立面貼著淡紫、紅茶色的面磚，漂亮又浪漫！這座歷史建築有大受歡迎的「五感」（GOKAN）法式點心店進駐，讓這座建築加分不少。「五感」點心店充滿法式氣息，每天都有穿著高帽子、長大衣的帥哥接待員在門口服務，而假日更可見許多穿著毛皮大衣的太太們在門口排隊，等待進入店中品嚐甜點。

進入「五感」甜點店有如置身日劇《西洋古董洋菓子店》的場景裡，二樓有房間個室，可以讓貴賓入座，享受朋友間清靜而悠閒的下午茶時光，女僕們會端出所有甜點來供挑選，抹茶年輪、蒙布朗梅果塔和熱呼呼蜜地瓜混合南瓜味冰淇淋的地瓜派，都是秋季限定版的甜點。

一九二二年的新井大樓「五感」點心店，門口有高帽子侍者接待，
穿毛皮大衣的貴婦們進出，有如置身歐洲城市一般。

我一直深深相信，甜點店對於一座城市是十分重要的。城市忙碌的生活壓力，需要舒壓與療癒，而精緻的甜點正是城市文化中出現的最美好事物，正如美國女詩人艾蜜莉．狄金生（Emily Elizabeth Dickinson）所說的：「對一個受創的身體或靈魂，吃點糖可能會有所幫助。巧克力與奶油對舌頭很有吸引力，同樣的，字句加熱沸騰也會有甜美的口感。」

如果一座城市文化中缺少了甜點，那麼這座城市就不可能是偉大的城市！

同樣被列為「登錄有形文化財」的Kitahama Retro（北濱古典風情館）建築，則呈現英國茶館的古典夢幻，這座建築位於河邊，小巧的建築在高樓大廈

新井大樓
GOKAN北濱本館

地址：大阪市中央區今橋2-1-1
電話：06-4706-5160
營業時間：09:30-19:30，不定期公休
交通：從「北濱站」2號出口出來，步行約兩分鐘

間顯得十分袖珍。這座英國茶館以大茶壺為招牌，建築一樓狹窄的空間內塞滿茶具、玩具與販賣的茶葉、甜點，二樓部分則是咖啡座，Wedgwood的茶具組與三明治、司康，加上豪華的梅果蛋糕，讓老建築裡的下午茶，非常英國！

這些甜點著稱的歷史建築甜點店，非常受到粉領族與貴婦們的喜愛！相較之下，我比較喜歡位於堺筋上的高麗橋野村大樓（一九二七），這棟大樓已經跳脫辰野式建築的樣式，反而充滿了Art Deco的風格，積木般幾何狀的瓦片，拼湊出極富特色的立面，甚至帶著異國色彩，在大門口兩邊有著如門松以及月亮圖案的裝飾，在當年算是十分前衛的建築設計作品，大概只有紐約這樣的大城市才會出現的設計風格。

北濱
古典風情館

地址：大阪市中央區北濱1-1-26

電話：06-6223-5858

營業時間：11:00-21:30，週末、國定假日11:00-19:00

交通：從「北濱站」3號出口出來，步行約一分鐘

野村大樓的建築師是安井武雄，東大畢業，但是不喜歡按理出牌，總會設計出一些怪怪的建築，結果曾經被貶到滿洲去設計建築，但是關東大地震前，他回到日本，地震後東京幾乎毀滅，大阪人口首度超越東京，成為日本第一大都市，甚至是全球排名第六的大城市，也讓他終於有機會大顯身手，設計出與眾不同的建築。

野村大樓的一樓也有咖啡館，不過不是什麼高級法式點心蛋糕店，而是日本連鎖咖啡館St-Marc Café，事實上，我很喜歡這家店的巧克力牛角麵包，配著夾著檸檬片的極好紅茶，每每都是我從事都市偵探活動歇腳的好地方！野村大樓這樣有歷史感的建築，就像是城市中的甜點蛋糕，讓人可以從沮喪的情緒中走出來，重新面對生活中的每一天！

高麗橋野村大樓是Art Deco風格的建築，幾何富異國情調的裝飾，出自建築師安井武雄的手筆。

高麗橋野村大樓

地址：大阪市中央區高麗橋2-1-2
電話：06-6226-1121
營業時間：09:00-17:30，週日公休
交通：從「北濱站」6號出口出來，步行約一分鐘

北野異人館與星巴克

日本人稱外國人是「異人」，而外國人建造居住的洋館，就是所謂的「異人館」，當年日本與外國接觸頻繁的幾個港口，橫濱、神戶、長崎等地方，都有異人館的存在，這些異人館伴隨著咖哩飯、爵士樂、甜點蛋糕、咖啡與啤酒，成為這些城市的重要特色。村上春樹從小生長在神戶附近，對於西方文化耳濡目染，

因此作品中很自然地出現西方食物、啤酒與爵士樂等事物，他也承認在神戶的成長經驗，讓他之後面對西方文化，不像一般日本人會有所謂的「文化衝擊」。

異人館幾乎都是建造在山坡之上，據說是因為外國人遠渡重洋來到異地，有生之年不知道是否有機會回到老家，因此總喜歡住在可以遙望港口海洋的山坡上，經常可以望著大海遙想自己的故鄉。神戶的異人館便是建造在北野山坡上，許多當年的洋館都被保留下來，不同的顏色造型被冠上「風見雞館」、「萌黃的館」等等，成為神戶重要的觀光資產。

可惜每間有特色的洋館建築，都必須要花錢購票才能入內參觀，雖然維護古蹟花點錢是應該的，但總是感覺不太親民與生活化。北野坂上有一棟洋館，被修護後作為星巴克咖啡館，被許多人認為是最美麗的星巴克咖啡店之一，這也是星巴克咖啡館這幾年極力試圖打破連鎖咖啡館一成不變制式風格的嘗試做法；對於一般遊客而言，花點咖啡錢體驗異人館，則是親近歷史建築最生活化的方式。

這棟星巴克異人館，建於一九〇七年，是日本文化廳登錄有案的有形文化財，咖啡店保留原有建築的外部及大部分內裝，如華麗的壁爐、木頭長梯、光滑木地板等，讓人有如進入外國人家中作客一般。在古典的窗下喝咖啡，享受午後的陽光，頓時有一種陷入時光隧道的迷惘；我想到古時候住在這裡的外國人，身在日本，心卻時時想念著遙遠家鄉的種種，這座洋館建築成為他們身在異鄉唯一慰藉。

神戶星巴克異人館是日本文化廳登錄之有形文化財，
室內裝潢有如到外國人家作客一般。

神戶異人館讓我想到淡水山坡上的「小白宮」、「紅樓」等洋館建築，其實淡水的異人館並不遜於神戶，加上馬偕時期的教會建築，與雄偉的紅毛城，事實上，整體建築資產相對於神戶，有過之而無不及。好好保存維護這些昔日留下來的異人館，將會使淡水保有與眾不同的歷史氛圍以及城市特色。

聖堂餐廳的甜點療癒

神戶市是關西地區最早接觸西方文化的城市，因此咖啡、咖哩等外來食物，以及西方的爵士樂在此都十分盛行；我經常在神戶街頭聽見年輕音樂家演奏爵士樂，訝異這些街頭音樂家的水準，竟然都比台北一些爵士音樂吧的樂手厲害！

村上春樹因為從小在這附近成長，因此很早就接觸爵士樂，爵士樂也成為了他小說中的重要元素。

有一天中午，我經歷了一場奇怪的宗教經驗，在神戶市區街巷裡，存著一顆敬虔的心，輕輕地走進一棟典雅古老的教堂，教堂鐵門線條簡單優雅，充滿三十年代的Art Deco風格，十字架的線條在陽光照射下，清晰地映在光潔的地板上，整座教堂外觀呈現出聖潔的宗教氛圍。

CAFE FREUNDLIEB 生田店

地址：神戶市中央區生田町4-6-15

電話：07-8231-6051

營業時間：10:00-19:00，週三公休

交通：從JR「三宮站」東出口2號出來，步行約十分鐘

神戶這座典雅古老的教堂，如今已成為西餐甜點的專門店。

在昔日的教堂空間內用餐喝咖啡，有一種奇特神聖的氛圍。

不過當我走進教堂一樓內庭，開始感覺到不太對勁，因為我聞到了香噴噴的麵包味道，我是個酷愛麵包勝過米飯的人，剛出爐的麵包最叫我難以忍受！教堂裡怎麼會有麵包香呢？是聖餐要用的麵包？還是神職人員自己食用的麵包？過去修道院不也是自己烘烤麵包嗎？我開始自言自語對自己解釋一番。

我曾經到過不同城市，看過許多空洞的華麗教堂，那些建築物頌讚著過去的輝煌榮耀，但是如今卻幾乎成為廢墟；日本神戶這一棟教堂甚至改造成餐廳 Cafe Freundlieb，我們在會堂中吃喝料理，欣賞著尖拱窗映入的奇異光線，發覺教堂講壇部分，竟然成為了熱騰騰供餐的廚房。

城市中有三種建築，有一種是用來供應人們肉體的需要，例如餐廳或咖啡店；一種是供應人們精神上的需要，例如圖書館、書店或電影院；另一種則是供應人們靈魂上的需要，例如教堂或寺院等，從不同建築種類數量的消長，可以看出這座城市的整體狀態。

《新約聖經》中描述，耶穌在曠野禁食四十晝夜，魔鬼進前來試探他，要他將石頭變成食物吃。耶穌卻回答說：「人活著不是單靠食物，乃是靠神口裡所出的一切話。」

物質生活固然需要，但是精神食糧、靈魂的食物才是最重要的。聖堂中原本供應著靈魂的食糧，如今卻只是供應著物質的食物；那天中午，我在神戶這座教堂餐廳用完餐，肉體雖然暫時得著飽足，靈魂卻仍舊飢餓著。當一座城市的聖堂，不再供應靈魂的食物，那麼這座聖堂比不上一間供應肉體食糧的餐廳。

怪獸大阪 Monster Osaka　04

道頓堀傳奇：河豚、章魚與肯塔基的魔咒

大阪最熱鬧的道頓堀地區，平日各式餐廳密集，夜晚所有的上班族、遊客，都湧到這個區域，嘗試在這裡找到繁忙生活中的一絲溫暖與歡愉，加上心齋橋商店街也通過此處，讓這裡成為大阪最熱門、最密集的地方。

道頓堀的戎橋自古就是大阪最熱鬧的地點，昔日無聊的大阪男子，會靠在橋欄杆邊，對著來往過橋的女生吹口哨或搭訕（不過現在搭訕的人多為情色場所的掮客）。如今大阪每次嘉年華盛事時，人們也會聚集在此喧鬧，特別是職棒阪神老虎隊贏球之際，人們都會群聚戎橋邊喧鬧唱歌，同時也鼓噪要人跳下水，即便有水警的巡邏船在橋下要大家別跳，還是會有人喝醉酒跳下水，也有人是被後方的民眾推下水的，有一年甚至鬧出人命，但是大家還是樂此不疲！

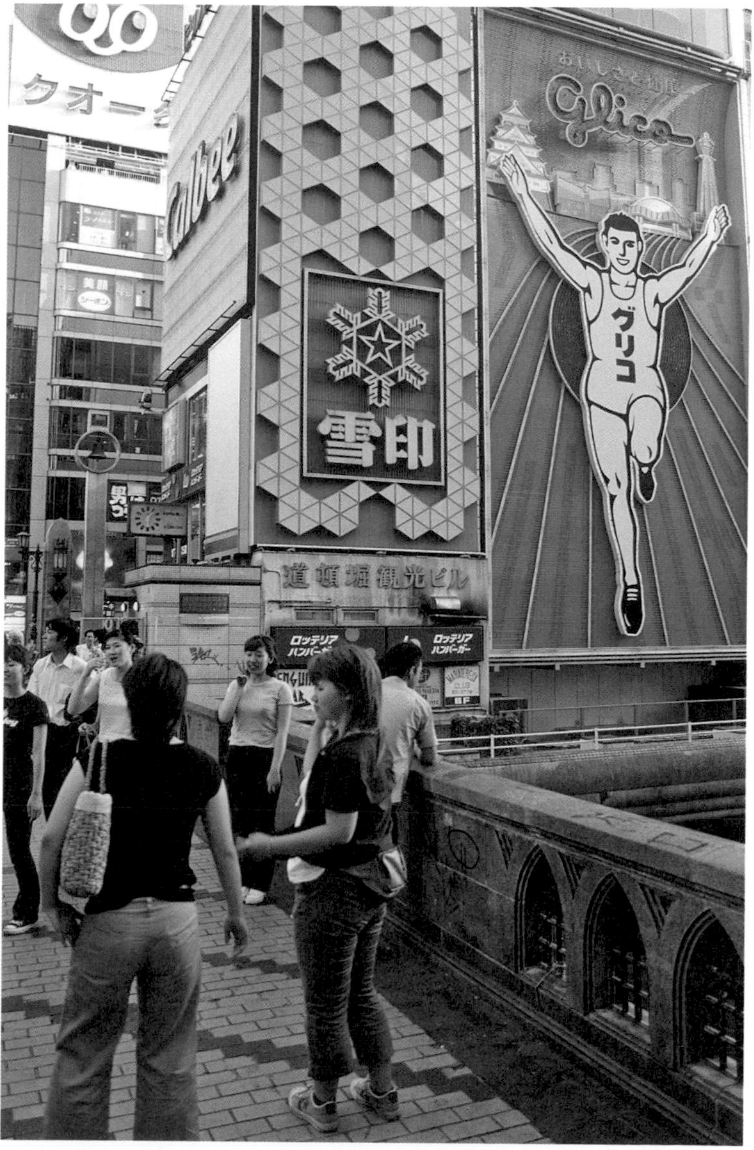

地址：大阪市中央區道頓堀1-6
交通：從大阪地鐵「難波站」14號出口出來，步行約三分鐘

戎橋

肯塔基爺爺的魔咒

最奇特的事件是，一九八五年因為球隊大勝在戎橋上喧鬧的阪神老虎隊球迷，竟然把附近肯塔基炸雞店的老爺爺雕像，整個丟到水裡任其漂流（聽說是因為長的很像洋將巴斯Randy Bass）。奇怪的是，這個事件發生之後，阪神老虎隊竟然從此與冠軍絕緣，讓老虎隊球迷驚駭不已，認為是「肯塔基爺爺魔咒」發威，因此紛紛前往尋找被丟到水裡的肯塔基爺爺雕像，無奈這尊雕像已經不知去向，阪神老虎隊就此被陷在魔咒中，無法翻身！

在老虎隊球迷不斷地努力之下，肯塔基爺爺還是下落不明，一直到二〇〇九年，潛水員在打撈戰後遺留的未爆彈時，終於在河流出海口找到

道頓堀充斥著各種光怪陸離的招牌，華燈初上之際，更顯其熱鬧與瘋狂！

道頓堀的KFC店流行將肯塔基老爺爺依照季節打扮成各種造型。

了滿身泥巴的肯塔基老爺爺（卻沒找到他的眼鏡?!），趕緊幫他清洗潔淨，再送回大阪的肯塔基炸雞店。這尊失蹤二十四年的傳奇肯塔基老爺爺雕像，後來被肯塔基炸雞店奉為國寶，送回東京總部小心收藏。

因為怕肯塔基老爺爺雕像再被人丟到河裡，或是被偷，道頓堀附近的幾家肯塔基炸雞店，曾經將雕像藏起來好一段時間，一直到後來才又將雕像搬出來；他們也流行將老爺爺雕像打扮成各種造型，夏天穿浴衣吃西瓜，春天賞櫻打扮，甚至穿球衣打棒球等等。除了肯塔基老爺爺雕像會失蹤之外，不二家Peko小妹妹雕像也經常被綁架，原因是最近在二手古董市場，這類大型企業公仔雕像非常受歡迎，可愛討喜的不二家小妹妹價錢特別好，因此也成為宵小覬覦的目標，害商家後來都不得不將公仔用鐵鍊鎖住，免得一不注意就被歹徒綁架偷走。

大阪人本來就喜歡人偶，道頓堀附近最有名的人偶，應該是「食倒太郎」，一個穿著紅色條紋的小丑人物，後來竟然成為大阪重要的地標性名物，大阪「食倒太郎」在眾人尋找肯塔基老爺爺雕像時，也曾被裝扮成戴蛙鏡的潛水員。

大阪附近超多大型商業宣傳公仔，不僅是人偶，也有誇張的巨龍、怪獸、河豚、螃蟹，以及章魚等，巨型物件佈滿商店街天際線，讓人驚豔！我甚至將這裡稱作是「怪獸大街」。這些怪獸活物的招牌公仔，許多都是機械構造，不僅是會活動，也會噴煙或是發出詭異的光線，目的無非是在混亂的市容景觀中，吸引人們的目光。

道頓堀商店街中的食倒太郎人偶象徵著大阪人都愛吃美食。

高松伸的失敗建築

道頓堀戎橋旁，在九〇年代後現代主義建築盛行時期，曾經出現一座非常有名的地標性建築Kirin Plaza，這棟建築由日本建築師高松伸所設計，其特色是建築物上方有四座光塔，夜間綻放光芒，在五光十色的道頓堀，仍然令人很難不去注意它，成為那個時代道頓堀的重要代表物。

這座上個世紀重要的大阪建築，甚至曾經出現在由麥可·道格拉斯主演的電影《黑雨》裡，成為外國人認識日本大阪的標誌物。可惜這座建築後來竟然拆掉了，有特色的建築終究敵不過商業利益，建商為了蓋更高更大的建築，拆掉Kirin Plaza，取而代之的是毫無特色的商業建築，十分可惜！其實高松伸在京都北山通最具特色的建築Syntax也已經被拆除改建，對於建築師高松伸而言，代表性的建築被拆除，應該是一種挫敗吧！

後來建築師高松伸在道頓堀附近御堂筋大馬路邊，設計了一棟奇特的玩樂建築，高聳龐大的建築量體，矗立在重要道路御堂筋上，讓人不注意它都不行！這棟建築量體中央被開了一個葫蘆狀的開口，中央掛著一條長長的軌道，看起來像是行駛升降電梯之用，只是這座電梯似乎上到頂端，卻無處可去，令人十分納悶！終於這棟摩天大樓的落成啟用，解開了所有人心中的疑惑，那台行駛於中央露空軌道上的電梯，果真不是一般的電梯，其實那是一座「自由落體」的遊樂器材。

高松伸設計的Kirin Plaza有著發光的柱體，曾經出現在電影《黑雨》中，
可惜已被拆除改建。

這座自由落體升降梯，讓摩天大樓不再只是一棟建築，而成為一座人們可以登高遊樂的超級巨大遊戲機。所有來到大阪的觀光客們，花個一千塊日幣，都可以坐上自由落體升降機，面向御堂筋大街，徹底欣賞大阪市鳥瞰的壯麗景象，然後一瞬間，在尖叫呼聲中，急速掉落地面，享受一次急轉直下的人生逆轉經驗。

將奇怪物體裝在建築物外表的人，應該算是後現代主義時期的法蘭克．蓋瑞，他當年在設計加州航空太空博物館時，就將一台報銷的F-104星式戰鬥機裝在建築物上方，令人感到十分驚訝！美國公路上的「普普建築」（Pop Architecture）也喜歡將巨大的物體裝置

建築師法蘭克．蓋瑞是最早將奇怪物體裝在建築物上的人，他曾將一台F-104星式戰鬥機裝在加州航太博物館上。

高松伸後來在御堂筋上設計了一棟怪奇建築，正立面有自由落體裝置，
後來改成攀岩設施。

在建築物上，用以招攬顧客，有圖像廣告的實質作用；例如甜甜圈店鋪上的巨大甜甜圈、賣輪胎店建築上的大型輪胎，以及熱狗店上方的巨大熱狗。

從圖像文化的角度來看，裝置大型物體在建築物外表，的確具有符號溝通與商業廣告的作用，不過大阪這座摩天大樓，用整棟大樓立面作為自由落體遊戲機來使用，叫人不禁懷疑，建築是否世俗化到只成為一座大型的遊樂玩具？抑或是業主希望運用這座自由落體機器，當作招攬顧客的最佳活廣告？

無論如何，這座由建築師高松伸最新設計建造的「大阪塔」建築，似乎有意取代昔日大阪的「通天閣」鐵塔，成為大阪新世紀的觀光地標。過去人們到大阪旅行觀光，總愛登上通天閣鐵塔，享受大阪城市的鳥瞰風光；現代人來到大阪，是不是也像古人一般，想爬到高處，欣賞大阪的景色；從這個角度來看，高松伸所設計的大阪塔，其實與昔日的通天閣鐵塔，具有相同的城市性格。

可惜這座建築開幕之後，生意十分冷清，沒有幾個觀光客敢登高試乘這座自由落體，後來這座設施就被拆除，改成攀岩設施了。建築師高松伸在附近從此不再有新作品出現。

大阪城的建築魔術師

FAMOUS ARCHITECTS OF OSAKA

05

安藤忠雄之所以受世人推崇喜愛，
一方面是因為他的奮鬥歷程充滿了
傳奇色彩；
另一方面也因為他的確是個擅長營造空間
氛圍的建築師，事實上，
他根本是一位玩弄光線魔法的魔術師。
在他的作品中，並沒有太強烈的建築形式，
他重視空間的氛圍勝於形體的操作，
特別是空間中的光影變化，
更是他建築魔法的表演重點。

怪獸大阪 Monster Osaka 05

安藤忠雄的大阪城

光線魔法師的巢穴

日本建築大師安藤忠雄建築師事務所就位於大阪市區，離天空教堂不遠的社區內，整棟建築接近長方體的造型，封閉的空間只有中央地區有窗戶採光，那個採光部分的室內則是挑空區域，事務所上上下下就是靠著這座採光井，讓光線流暢其間。

安藤忠雄以嚴格出名，在事務所中，他就坐在採光井下的一樓，掌控著整個事務所的動態，更可怕的是，事務所的兩支電話就放在他桌前，所有公務電話聯繫，都必須在他面前進行，所以整個事務所工作進度狀況，都逃不出他的手掌心。

安藤忠雄之前出版了一本自傳《建築家安藤忠雄》，將自己的身世詳細報告一番，包括他的雙胞胎兄弟為何跟他不同姓，他的童年生活，他崇拜古巴革命英雄切・格瓦拉，以及他的事務所管理哲學等等。安藤忠雄在這本書中，掏心剖肺地講述自己的心路歷程，似乎努力要解答所有安藤建築迷對他的胡亂猜想與錯誤認知。

安藤忠雄最崇拜的建築師是柯比意，他年輕時在舊書店發現了一套柯比意的建築圖集，因為沒有錢購買，只能站著在舊書店閱讀，當天讀不完，就把書籍藏到書店的角落，為的是怕被別人買走，這樣分了好幾天，才把柯比意的作品讀完。當日本開放出國觀光時，他便帶著他所有積蓄，前往歐洲進行他的建築朝聖之旅，目標是柯比意的建築朝聖，包括薩伏伊別墅（Villa

Savoye）、廊香教堂、拉圖雷特修道院，以及馬賽公寓等等，這趟建築壯遊，為他帶來極大的震撼與建築養分，所以他說：「旅行造就了一個人。」值得一提的是，安藤忠雄養了一隻狗，取名叫做「柯比意」，為的就是要向他所崇拜的建築師柯比意致敬，不過這種致敬方式的確也很另類！

安藤忠雄之所以受世人推崇喜愛，一方面是因為他的奮鬥歷程充滿了傳奇色彩；另一方面也因為他的確是個擅長營造空間氛圍的建築師，事實上，他根本是一位玩弄光線魔法的魔術師。在他的作品中，並沒有太強烈的建築形式，他重視空間的氛圍勝於形體的操作，特別是空間中的光影變化，更是他建築魔法的表演重點。

安藤忠雄在羅馬的建築旅行中，曾經在萬神殿中感受到光線的神奇魔法，一束神聖的光線從圓頂中的圓孔射入，照在萬神殿中的雕像上，緩慢移動的光線，讓神聖的空間有了生命，這個空間經歷讓他領悟到，建築物是一種過濾光線的工具，光線經過過濾後，會展現出一種不同於平常的神奇魅力，有人將安藤忠雄這段經歷，類比於《聖經》中使徒保羅的大馬色經驗，稱作是「萬神殿經驗」。

這種光線的魔法在宗教建築上，表現得更為淋漓盡致，安藤忠雄的教堂建築是現代建築史上的經典，特別是「光之教堂」更是安藤忠雄作品中的極致之作。每個人進到光之教堂內，都會著迷於那座用光塑造出的十字架，甚至被那道神聖的光線所感動！充分呼應了《聖經》中「神就是光」的記載。

作為一個光線的魔法師，安藤忠雄其實深受日本作家谷崎潤一郎著作《陰翳禮讚》的影響，他的建築作品呈現光與影、光明與暗黑，只有承認接受黑暗，才有讓光線照亮的契機。

他的人生也未嘗不是如此，安藤忠雄出身卑微，做過卡車司機、拳擊選手，正如孔夫子所言：「吾少也賤，故多能鄙事。」他沒有高學歷貴族背景，只能靠競圖起家，在不斷地競圖失敗中，他越挫越勇，終於開始得到建築設計的機會，因此他寫了《安藤忠雄東京大學建築講座：連戰連敗》這本書，他也曾形容他的建築是「鬥的建築」，就像拳擊手在不斷地戰鬥中，倒下又站起來，最後得到勝利！

「要在人生中追求『光』，首先要徹底凝視眼前叫做『影』的艱苦現實，而為了要超越它，就必須鼓起勇氣向前邁進。」

安藤忠雄的建築，讓人們重新感受到光線的奇妙；在這個建築逐漸庸俗的年代，找回空間中的神聖性。

一禁慾的長屋一

安藤忠雄設計的「住吉的長屋」，應該是全世界最有名的小房子。搭乘大阪路面電車往南，離開熱鬧的大阪市區，進入一般庶民的質樸社區，讓搖搖晃晃的老電車，帶著你來到住吉大社前，我不去住吉大社，對建築迷而言，住吉的長屋比住吉大社更為神聖！住吉的長屋根本就是建築人一輩子一定要去朝聖的聖地。

住吉的長屋隱藏在住吉大社附近的社區巷弄裡，不起眼的小房子，其實更像是一個水泥鞋盒子，整個外部完全沒有開窗，試圖將自己與周遭雜亂社區區隔，用清水混凝土牆將自己圍繞，創造出屬於自己的小宇宙。這是一種安藤式的設計策略，如果在自然界就向自然開放，如果是在雜亂市區環境裡，就自己圍閉出一個修道院式的綠洲。

住吉的長屋內有一個挑空的中庭，是這個圍閉修道院般住宅，唯一一個可以與大自然接觸的空間；中庭裡放置一棵綠樹，如果照著中國人的說法，就是一個「困」字，在風水上是不好的，但是在這裡可以直接看見藍天，夜晚可以望見星空，下雨時可以感受雨滴落下，可以說是這座水泥盒子與大自然連結的管道。中唐詩人李賀曾經寫道：「園中莫種樹，種樹四時愁。」意思是園中的樹，因為四季變換而改變，會落葉凋零，讓人心生感傷！但是也就是因為與自然的連結，人們才可以感知四時的變幻，體會自然的美好節奏。

搭乘往住吉大社的阪堺電鐵南下，可以看到許多老舊社區的居民生活日常。

不過住吉的長屋真正令人困擾的地方是，這座建築是一座「禁慾的建築」。一進門的客廳什麼多餘傢俱也沒有，座椅是原本就用混凝土灌注的，整個住宅內部幾乎可以用「家徒四壁」來形容，甚至讓人覺得是一座牢房！想住在這座極簡的住宅裡，住戶必須過著樸實儉約的日子來配合，如果上街購物，看到想買的東西，只能捨棄內心的慾望，因為買回家其實沒有地方可以放置。

「住吉的長屋」為安藤忠雄得到日本建築學會獎，讓他開始得到國際建築界的肯定與矚目，傳聞在頒獎典禮中，有人還說這獎應該頒給住戶，而不是建築師，因為這家住戶為了大師的設計理念，過著極度禁慾與簡單的生活。多年後有人再次進入這個住家採訪，發現這家人為了保持安藤大師的設計理念，一直堅持過著極簡樸實的生活，住宅狀況也都維持當年的格局，沒有任何改變。

住吉的長屋

地址：大阪市住吉區2-13-11
交通：從JR「長居站」東口出來，步行約一分鐘

住吉的長屋是一座水泥箱子，隔絕外面世界的混亂與吵雜，創造出別有洞天的內在世界。

一安藤忠雄的書店與三角形教堂一

大阪是日本建築師安藤忠雄的故鄉，二〇一〇年，安藤先生終於在大阪梅田鬧區附近，設計了一棟大型商業建築，等於是他在大阪市區的一座建築新里程碑。

這座商業大樓結合了商業空間、住宅單位、飯店設施，以及結婚教堂，地下室至七樓是丸善書店，十樓至二十三樓則是住宅、飯店與教堂。整座建築猶如堆積木般，底座書店方正穩重，卻以斜撐似的柱子支撐，讓原本方正的底座多了一些動態感，上層的塊體則以令人驚駭的銳角三角形呈現，有如《星際大戰》電影中的太空戰艦臨空而降。

安藤忠雄近來酷愛使用三角形的建築造型，因為三角形的出現可以讓原本單調的建築產生空間的趣味，三角形的塊體讓這座位於茶屋町的大樓，展現了與眾不同

大樓上方尖銳的三角形塊體，正是安藤忠雄設計的天空教堂所在。

的建築景觀，特別是這棟大樓位於高架橋邊，每天川流不息的車潮都會被這座大樓的造型所吸引。

安藤忠雄不是沒有設計過圖書館或閱讀空間，在他的建築作品司馬遼太郎紀念館裡，那一整牆面的書櫃，氣勢宏偉，讓所有的參觀者都被書本的力量所震懾，一位建築師能夠將文人的知識氛圍呈現在建築空間內，安藤忠雄的設計功力的確叫人佩服！不過位於大阪的這家書店，內裝似乎不是安藤先生所作，那些單調的書櫃，放置於安藤忠雄的建築內，顯得廉價而無趣，令人有些失望！

三角形的上層建築體最上方，其實是一座結婚教堂，被稱為是「天空教堂」。安藤忠雄設計過「水之教堂」、「光之教堂」、「風之教堂」，以及「海之教堂」等等，這座天空教堂可說是其教堂系列作品的最新創作；事實上，安藤忠雄的教堂建築，只有光之教堂是真正教會所使用的教堂，其他的教堂建築基本上都只是飯店裡結婚用的禮堂而已。

許多日本人雖然不是基督徒，卻喜歡使用基督教儀式結婚，也因此日本的婚紗業與飯店都會建造小型的結婚教堂，請來金髮碧眼的假牧師來主持婚禮，這種現象讓日本建築師有許多設計教堂的機會，結婚教堂也成為日本建築師可以發揮設計長才的作品類型。

天空教堂頗受大阪新人們的青睞！他們一定以為天空教堂位於大樓頂層，最接近天堂，婚姻應該會比較受祝福！其實應該要有人告訴他們：「婚姻的成功與否，其實跟結婚教堂一點關係也沒有！」

安藤忠雄設計的教堂多是結婚教堂，如上圖「天空教堂」。
唯有「光之教堂」是真正有教會使用的教堂。

丸善書店

地址：大阪市北區茶屋町7-20地下1樓到地下7樓
電話：06-6292-7383
營業時間：10:00-21:00
交通：從阪急「梅田站」茶屋町口出來，步行約三分鐘

茨木春日丘教會（光之教堂）

地址：大阪府茨木市北春日丘4-3-50
電話：07-2627-0071
交通：從JR「茨木站」出來，轉搭公車至「春日丘公園站」，步行約兩分鐘
補充：因新型冠狀病毒疫情影響，暫時停止參觀。詳情請見官方網站。

4x4夢幻住宅

日本也有許多地方和台北一樣——地狹人稠、寸土寸金，因此許多建商、設計師推出夢幻小住宅，這些建築大多基地面積狹小或甚至是畸零地，且建造經費不多，所以建築師須利用巧思，在先天不良的條件下完成任務。

建築大師安藤忠雄不僅擅長光線的魔法，他更專精於狹小建築的設計，繼「住吉的長屋」之後，他在明石大橋旁的海邊，設計建造了一棟奇特的住宅，被取名為「4×4的家」，是因為基地面積只有四點七五公尺乘上四點七五公尺，侷促可見。限制條件還有：房宅南臨日本瀨戶內海，有一道混凝土堤防，沙灘因漲退潮之故而大小不同；北面被一條國道二號公路所限，路旁又有山陽本線鐵道及山陽新幹線鐵道，可說處於繁忙且複雜的交通動線邊，真是令人暈頭轉向啊！

而從公路到海堤短短不到八公尺的距離內，安藤創造出這座狹小建築作品，完成了一項近乎不可能的任務。他如小孩堆疊方塊積木般，在此侷促土地上，設計了一座觀海的方塔，並延續他慣用的清水混凝土材料，堆起四個混凝土方塊，最上方的方塊則稍微向明石大橋方向偏移，形成觀看海景的絕佳角度。面對鐵路、公路等動線頻繁的北方立面，則採取封閉做法；相對地，南方

4×4夢幻住宅，兩棟呈現出對稱狀態，正反映出安藤忠雄的「雙子性格」。

面海的立面就盡可能採透明、開放的設計手法，意圖讓室內空間與大自然的山水合為一體；至於最高層的起居室，他讓居住者有如住在瞭望台上的堡主，天天享有觀看明石大橋美景的權力。

當然建造這座建築的過程並不簡單，安藤忠雄的要求是十分嚴格的！工地的工頭每天都戰戰兢兢，深怕建築大師不滿意，就必須打掉重做；因此工頭終日承受極大心理壓力，白天被安藤忠雄責罵，晚上還夢到安藤忠雄在罵他，狹小建築的完工，他付上了極大的身心代價。完工之後，安藤忠雄帶著業主到住宅最上層，兩人觀看著壯闊的明石海峽景觀，安藤忠雄忽然回頭對業主說：「我覺得你不配住在這裡！」他的意思是說，這麼美好的景觀，其實付上最大代價的人是工頭，他才是真正有資格住在這裡的人！

這座夢幻住宅的業主，在二〇〇三年落成時，還處於單身階段，而安藤則為他設計了希望將來可容納夫妻及一個小孩的小家庭生活空間所需。入住後，根據雜誌報導，他很快

在這棟「夢幻住宅」結束單身生活；這似乎證明了安藤忠雄的建築果然別具魅力，可讓單身漢很快地結束光棍日子。

二〇〇五年初那座「4×4的家」出現了雙胞胎小孩，只不過這座幾乎相似的方塔不是混凝土造的，而是改用木材所建造，並被稱為是「4×4的家II」，業主是一位商社老闆，他在日本各地遊走，希望可以找到一處能夠建造海邊別墅的地方，當他見到安藤忠雄4×4住宅，驚為天人！小小一棟房子竟然可以享有遼闊的海景，可以在有限的空間中，享受無限的自然美景。因此找人幫忙請託安藤忠雄幫他在旁邊建造另一棟4×4住宅，作為他的海邊渡假別墅，只是他要求是要木造的，而不是安藤喜好的清水混凝土建材。

看著兩棟4×4住宅屹立在明石大橋旁的沙灘上，猶如雙胞胎兄弟一般，剎那間，人們才想到，原來安藤忠雄正是雙胞胎的一位，而這兩座夢幻住宅正反映出了他的「雙子性格」。

註：安藤忠雄的4×4夢幻住宅木造棟已經被拆掉，雙胞胎的畫面已經不復存在。

美國萊特先生在大阪

山丘上的豪宅淀川鋼鐵迎賓館建築的影響

美國建築大師法蘭克．洛伊．萊特（Frank Lloyd Wright）醉心日本文化，二戰前曾多次赴日，並且在日本留下幾座經典的建築作品，其中最令人矚目的帝國大飯店，雖然號稱在關東大地震時毫髮無傷，但是隨著時代改變，帝國大飯店舊建築也被拆除，如今被搬到名古屋的明治村收藏。

萊特建築迷如果想到日本看他的作品，東京地區只剩下位於池袋的自由學園明日館，而關西蘆屋地區則存在一棟精緻的住宅

建築「淀川鋼鐵迎賓館」（Yodoko Guest House）。

蘆屋位於大阪與神戶之間，與西方文化接觸甚早，加上此地屬於山坡地區，是有錢人的高級住宅區，因此蘆屋地區有許多高級精緻的洋菓子店和咖啡館。

一九一八年萊特替淀川製鋼公司老闆特別設計了一棟高級住宅，一九二四年建築完工，這座住宅建築座落在山坡之上，整棟建築依山勢而建，與大地充分結合，雖然與萊特在美國中西部平原上所建造的「草原建築」不同，但是與「落水山莊」（Falling Water）結合環境地理的做法很類似。

當年蘆屋迎賓館的建築形式，不要說在日本，在全世界都算是十分前衛特殊的

淀川迎賓館是萊特的經典住宅作品之一，有著馬雅文化的裝飾形式。

建築，可以說是當年日本數一數二的豪宅建築了！

萊特在這座建築上，大量採用日本本土產的大谷石，這種石頭空洞多、質量輕，一般石匠並不喜歡使用，萊特卻喜歡這種石頭的個性，運用在迎賓館與帝國飯店的建案上，創造出來獨有的建築特色。

迎賓館裡精心雕琢，富有Art Deco風格的窗櫺與裝飾，住宅正中心的壁爐設計，以及樓上延伸出去的露台空間，都是過去日本建築少有的設計，萊特可以說是將美國前衛住宅精神帶到了日本。萊特的石材雕刻裝飾，帶著一種馬雅文化的形式，是一種幾何線條、量體的重複與堆疊；不同於十九世紀末新藝術風格的陰柔彎曲線條，而是帶著陽剛氣息的幾何線條。新藝

術時期呈現的是自然界的美好，Art Deco 則是反映人類進入二十世紀機械時代的文明狀態。

有趣的是，埃及文明與馬雅古文明的風格都比較幾何陽剛，感覺這些文明的數理與天文都很強！再加上當年的考古熱潮，許多美國當年的建築設計，就以埃及風格做裝飾；萊特則鍾情於馬雅文化的建築，他在洛杉磯的蜀葵居豪宅，因為加州的地緣關係，就特別呈現出馬雅文明的風格。

萊特也試圖在手工技藝與機械大量生產的交替間，尋找一個兩全其美的建築方式。他曾撰文探討機械時代的手工技藝，更發展出一種可以大量生產的花磚，並利用花磚堆疊出類似手工雕刻的趣味。

淀川鋼鐵迎賓館

地址：兵庫縣蘆屋市山手町 3-10
電話：07-9738-1720
營業時間：10:00-16:00，週一至週二、週四公休
交通：從阪急「蘆屋川站」出口出來，步行約十分鐘

從淀川迎賓館的陽台望出去，可以看見神戶海港設施，以及遠方的海洋。

萊特一直認為住宅的中心應該是壁爐，溫暖的火爐才是聚集家人的重點，不像現代住宅中，電視機成為住宅的中心，家人只能團聚在電視前，雖然聚集卻不彼此談心，只是隨著電視節目咒罵或八卦；蘆屋迎賓館不只是有壁爐，還有景觀壯麗的露台空間，可以遠眺海港、鐵道與春天沿溪谷綻開的櫻花。

一棟建造在山脊上的建築，有如一隻蹲踞在山坡上的老虎，眼光注視著山腳下的種種動靜，似乎寧靜，卻又充滿動能；迎賓館的正立面有如一座馬雅的神廟，雖然不是高聳宏偉，卻很穩固地與大地結合，散發出一種強大的神祕力量。

萊特是美國最偉大的建築師，在蘆屋地區有萊特的建築作品，當地人無不以此為傲，甚至將往迎賓館的斜坡道路，命名為「萊特坂」，紀念建築師萊特。我常常想像當年的景況，一個紳士模樣的外國人，來到神戶附近的山坡上，勘查地形與周遭風景，旁邊圍觀的日本當地居民，投以好奇的眼光，議論紛紛；建築開工興建，直到整體完工，人們才開始對這棟奇特的建築，發出陣陣讚歎之聲。

不過神戶地區在二戰轟炸之前，早已經是非常西化與先進的地區，不論是咖啡店、甜點店，或是爵士樂、異人館等，都是常見的事物。在神戶地區成長的村上春樹曾說，一般人到東京工作之後，都會經歷一波西方文化的衝擊，但是他因為是在神戶地區成長，早已經習慣西方文化，所以根本沒有這樣的感覺。

萊特建築的影響

位於甲子園棒球場附近的武庫川女子大學甲子園會館是一棟萊特式的華麗建築。這座華麗、充滿裝飾藝術特色細部的建築，讓人一看就想到美國建築師萊特，這與萊特當年在芝加哥設計的Midway Garden建築十分神似！但是這座建築並非萊特本人所設計，而是由萊特的日本愛徒遠藤新所設計，可謂是萊特建築在日本帶來的影響。

此建築物於一九三〇年，以「甲子園飯店」開幕，在當時「東帝國飯店」及「西甲子園飯店」並稱是超高級的渡假飯店。因歷經二次世界大戰的關係，飯店僅營業十四年就劃下句點，但一九六五年，

遠藤新繼承萊特的建築手法，在日本蓋了許多「萊特風格」的建築。

武庫川學院自大藏省（相當於台灣的財政部）接收後修建為教育設施，將其風華延續至今。因為是作為飯店的設計，建築內外極盡奢華之能事，雕花細膩，完全不像是學校建築，可以感受到那種三〇年代Art Deco風格的華麗場面。遠藤新後來在日本設計建造了許多萊特風格的建築（如東京自由學園明日館對面，婦人之友社禮堂建築也是出自他的設計手筆，經常有電影偶像劇在此取景），讓「萊特風格」成為日本近代建築的一種特別形式，也加深了日本人對於萊特的崇拜。

自由學園明日館對面的「婦人之友社」禮堂，正是由萊特的徒弟遠藤新所設計，這座禮堂經常出現在電影或偶像劇中。

武庫川女子大學甲子園會館充滿華麗的裝飾，令人讚歎！

萊特是一位純粹的美國建築師，他的作品主要散布在中西部芝加哥附近，後來拓展到東部，以及加州、亞利桑那州等地區，海外作品竟然都集中在日本，可以說是跟日本很有緣分的一位建築師。

到關東地區旅行，一定要去池袋的自由學園明日館；到關西地區，想看萊特的建築，就只能來蘆屋的迎賓館，這兩座建築是萊特在日本僅存的建築（被移至名古屋明治村的帝國飯店不算）。

武庫川女子大學
甲子園會館

地址：兵庫縣西宮市戶崎町1-13
電話：07-9867-0290
交通：從JR「甲子園口站」南口出來，步行約九分鐘
補充：因新型冠狀病毒疫情影響，暫時停止參觀。詳情請見官網。

武庫川女子大學甲子園會館是一棟萊特式的華麗建築，是由萊特的日本愛徒遠藤新所設計。

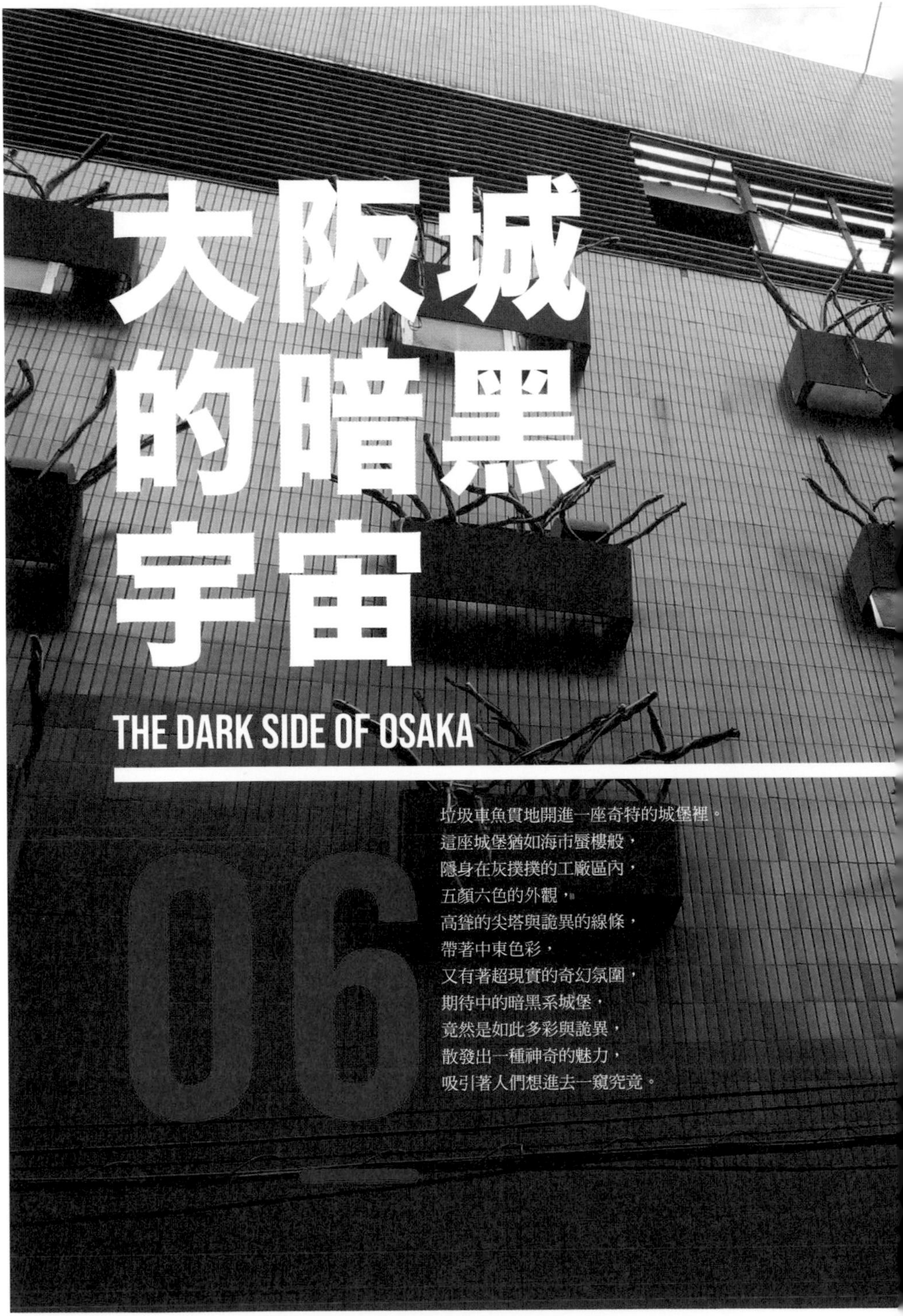

06

大阪城的暗黑宇宙

THE DARK SIDE OF OSAKA

垃圾車魚貫地開進一座奇特的城堡裡。
這座城堡猶如海市蜃樓般，
隱身在灰撲撲的工廠區內，
五顏六色的外觀，
高聳的尖塔與詭異的線條，
帶著中東色彩，
又有著超現實的奇幻氛圍，
期待中的暗黑系城堡，
竟然是如此多彩與詭異，
散發出一種神奇的魅力，
吸引著人們想進去一窺究竟。

暗黑系垃圾城堡建築

如果你想知道大阪城的垃圾都去了哪裡？可以跟蹤垃圾車的路線。

跟蹤垃圾車這種事，可能只有都市偵探才會想去做，不過一座城市的垃圾到最後是去了哪裡？是如何處理？其實是很重要的事，想了解一座城市前世今生的人，應該會想要知道這個答案。我跟著那些沿街收集垃圾的機械貨車前進，看著它們一路吃下許多街邊堆積的垃圾，然後用機械設備壓縮破壞，最後送進它的肚子裡，覺得這些垃圾車實在很奇妙！那些垃圾車收集完城內的垃圾之後，就往港區方向前去！那個地方其實就是個工業區，倉庫、廠房四處林立，難不成這些垃圾是送進工廠？還是乾脆倒進海裡？

途中經過了環球影城，也看到了影城中《哈利波特》世界的雪山與城堡，我從來沒有去過大阪的環球影城，但是我曾經去住過環球影城的飯店，那是一家誇張歡樂的飯店，住客中小孩子非常多，吃飯時間吵雜喧鬧，令人消受不了！他們都是去環球影城霍格華茲的魔法歡樂城堡，我卻是要前往一座塞滿垃圾的暗黑系堡壘。

一把垃圾藝術化 —

在我想像中，垃圾車的終點應該是一座類似惡魔黨基地的建築，高科技風格卻帶著邪惡的氛圍，必須像〇〇七諜報員才能潛入的地方，但是當我試著跟蹤垃圾車前往港區，令人驚訝的是，垃圾車魚貫地開進一座奇特的城堡裡。這座城堡猶如海市蜃樓般，隱身在灰撲撲的工廠區內，五顏六色的外觀，高聳的尖塔與詭異的線條，帶著中東色彩，又有著超現實的奇幻氛圍，期待中的暗黑系城堡，竟然是如此多彩與詭異，散發出一種神奇的魅力，吸引著人們想進去一窺究竟。

地址：大阪市此花區北港白津1-2-48

電話：06-6463-4153

營業時間：參觀採全預約制，詳情請見官網

交通：從JR「櫻島站」出口出來，轉搭公車至「環境設施組合前」，即可抵達

早期城市整體機制中，大多是使用掩埋法來處理，所以會有「垃圾山」或是「貝塚」的出現，貝塚就是古代人吃貝類丟棄貝殼的地方，而垃圾山則是過去城市垃圾堆積過多而成的山丘，台北過去在內湖高速公路旁有巨大的垃圾山，非常可怕壯觀！後來雖然廢除使用，並且覆土綠化，形成一座綠油油的山坡，不過多年後，研究單位開始在這裡「考古」，他們從垃圾山裡挖出很多不同年代的物件，分別代表著不同時代的城市文化與流行風潮，非常有趣！

不過現代都市多以垃圾焚化廠取而代之。現代化的垃圾焚化廠可以做到無臭、無塵、無污染的水準，但是現代化垃圾焚化廠龐大無趣的建築體，以及高聳的煙

囪，卻成為現代都市景觀中，難以掩飾的視覺障礙物。為了改善垃圾場的景觀問題，很多城市都聘請藝術家來進行垃圾場美化工作，台北木柵的垃圾焚化廠將煙囪畫上長頸鹿的圖案，就是一個滿好的美化案例，因為高聳的煙囪與長頸鹿十分類似，而附近又有木柵動物園，地緣關係與動物圖案相呼應，非常貼切！日本大阪府環境事業局舞洲工廠則充滿了夢想色彩，將巨大無趣的垃圾焚化廠變身為一座多采多姿的奇幻城堡。

大阪舞洲工廠特別遠道邀請維也納建築師百水先生（Friedensreich Hundertwasser）前來設計，有著「奧地利高第」之稱，他認為「水才是一切生命的泉源」，就將原來的本名「Friedrich

Stowasser」改成「Friedensreich Hundertwasser」，百水先生是個藝術家，同時也是一位素人建築師，他在維也納設計了一棟公寓，充滿了怪異卻又綺麗的色彩，公寓上方種植樹木，公寓單元各異其趣，色彩也不相同，單元與單元間也不是垂直水平的線條，地面上更是起伏如山丘，柱子上則貼滿色彩繽紛的磁磚或馬賽克，營造出一種類似高第建築的奇幻氛圍。

百水先生的理念其實是「反建築」、崇尚大自然的，他對於現代建築工業化生產，感到十分厭惡，同時也認為人類住居必須更接近大自然的狀態，因此在他的建築屋頂陽台上都種植樹木花叢，而且建築的線條充滿不規則的曲線，使用馬賽克拼貼手法，則是因為這種工法更接近手工藝。大阪府舞洲工廠是百水先生在海外的得意之作（他與日本的淵源可能與他妻子是日本人有關），他將龐大無趣的垃圾焚化工廠改造成一座繽紛多彩的夢幻城堡，叫人十分佩服！舞洲工廠的煙囪幻化成阿拉伯風味的城堡，不僅有洋蔥頂，也有眺望樓閣，整座煙囪底部有如樹木根部，呈現起伏的狀態，煙囪體外部不規則如血管般的線條，讓整座煙囪有如生物體器官般的超現實；城堡頂端裝飾金黃色的圓球，似乎延續了維也納分離派擅長使用的金色細部裝飾，整座工廠比起遊樂園似乎更叫孩童們興奮開懷！

垃圾焚化廠居然可以燃起市民內心的夢想熱情，百水先生的藝術功力果然不同凡響。

宇宙胃袋 宴會魔窟

進入千日前怪空間

大阪難波地區是比較老舊的商圈，但是卻充滿了許多懷舊的美食記憶。因為這裡離火車站很近，千日前的巷弄擠滿了各式各樣的食堂商家，讓大阪市民下班後可以盡情在此喝酒狂歡，並且可以趕上午夜最後一班車回家。

不過現在來到千日前附近，除了商店街前方依舊熱鬧擁擠之外，整個街區巷弄已經呈現出一種陳舊、腐朽的頹廢氛圍，許多商店在夜晚透出微弱的暈黃燈光，猶如《深夜食堂》的場景；不過大部分

「味園」宴會廣場大樓附近電線纏繞複雜，屋頂上有仿太空衛星火箭等科技裝飾。

味園大樓

地址：大阪市中央區千日前2-3-9
營業時間：每間餐廳營業時間不同
交通：從「日本橋站」B29出口出來，步行約三分鐘

區域已經淪為聲色行業的活動場所，夜晚經常可以看見黑衣人與奇怪女子的出沒。

老舊街區內有幾棟龐大如城堡般的建築，建築上方巨大的霓虹燈看板鐵架，寫著「味園」兩個字，後方前衛的角塔招牌上則以日文寫著「宇宙」（UNIVERSE）字樣，屋頂上幾座白鐵皮的水塔，以及高塔上水雷般又像冠狀病毒造型的東西，加上電桿上交錯雜亂的電線、變壓器，透露著五〇年代些許太空科幻的想像。對面的賓館建築也十分詭異，說不上是哪個年代或是什麼風格形式？只能說是古怪異常，或是一種移植自外星球的奇特建築風格？那些進進出出的人也不像一般市民或觀光客，甚至我覺得他們或許是穿著人皮的綠色外星人，或根本是妖怪化身上街！

不過整座味園大樓建築的陳舊頹圮，比較像是一座巨大的混凝土碉堡廢墟，只不過這座堡壘外牆卻是奇異的橘紅色，牆面上有著一格格的花台，詭異的是花台上長出的竟是一支支塑膠電線，乍看以為是枯黃的仙人掌類植物，讓人想起B級科幻電影中的異形小花，就是那種會亂長又會吃人的奇怪植物。一位老先生拉著一輛人力板車載著廢棄物從建築前經過，形成一種超現實的畫面，讓人難以想像這是在現代的大阪鬧區。

「味園大樓」建造於一九五五年，當年正是日本經濟蓬勃發展之際，日本各大城市舞廳林立，因為是特種空間，所以設計上不受約束，大樓內的「宇宙」歌舞廳，原本位於二樓，是挑高三層樓的歌舞廳，非常氣派！美國《LIFE》雜誌還曾經如此描述：「舞廳共有三百六十張桌子，可容納一千名客人，最大可以容納三團爵士樂團同時表演，以及一千位舞廳小姐。」室內裝修極盡奢華之能事，各種燈光、壓克力裝飾，營造一種宇宙的氛圍，衛星球體霓虹燈、火箭型吊燈，以及可以升降的舞台，還有空中迫降的裝置，舞群或舞者可以盡情發揮，創造出最華麗的歌舞秀，深受國內外觀光客的喜愛，所有人到大阪都希望晚上去「宇宙」歌舞廳，見識一下大城市的奢華排場，其華麗的程度，大概就是美國電影《大亨小傳》中的歌舞廳可以比擬。

設計者志井銀次郎其實不是專業的建築師，但是他作為味園創業的企業家，卻靠一己之力創造出這棟大樓，他收集許多資料，並且將他腦袋中的想法，描繪在設計圖上，並且自家公司承包營造，所以才能原汁原味將志井銀次郎的想像完全落實，成為一座獨一無二的原創空間。

「味園大樓」除了「宇宙」歌舞廳有名之外，也曾是號稱「宴會天國」的宴席場所，大樓內有大大小小宴會廳數十個，最大的宴會廳可以同時接待五百人，宴會廳內還有小橋流水，似乎是用來象徵性地取代日式庭園擺飾，但是卻不似京都庭園的精緻細膩，反倒是有如洪荒大地般粗獷，加上中國龍的圖案，華麗卻又怪異俗豔的裝潢，在當年應該是一個詭異的聚餐場所。

不過八〇年代之後，歌舞廳逐漸沒落，志井銀次郎雖然力圖振作，努力求新求變，甚至把歌舞廳搬到地下室，但還是不敵環境與時代的變遷，最後在二〇一一年結束營業，成為一個奇怪廢墟般的空間，卻也吸引了不同世代年輕人進駐創業。

最奇特的是，二樓賣場有幾十家獨立小居酒屋存在著，有如西門町萬年大樓，每家店舖各有千秋，夜晚時划拳喝酒聲不斷，非常熱鬧，但是白天卻是一片死寂；黝黑昏暗的空間，有如鬼魅

味園大樓的漂浮坡道，堪稱是現代建築的異類佳作。

出沒的場域，因此網路上有人將現在的味園稱為「魔窟般的宴會天國」。

「味園」通往二樓的通道也非常詭異，長條狀迴旋的漂浮坡道，堪稱現代建築的異類佳作，這個坡道讓人想起倫敦動物園的企鵝池，那是動物園現代主義建築的經典代表，由俄羅斯建築師魯貝特金（Berthold Lubetkin）所設計，在企鵝池上有兩條交錯的坡道，讓企鵝可以緩緩滑下池塘戲水，最厲害的是，這兩條坡道迴旋交錯，猶如彩帶一般，底下並沒有支柱，可說是一氣呵成，非常極簡漂亮！

漂浮坡道旁，則是假山假水的魚池，走這座坡道可以直接進到二樓居酒屋天國，從二樓坡道望出去，發現對面大樓也是個奇怪的異形建築（就是我認為是外星人風格的建築），可見這個區域的確是大阪最光怪陸離的城市異質空間。

這座「宴會天國」建築實在太特殊了，幾乎成為大阪市區的飲食文化地標，特別是橘紅外牆與異形小花台，後來居然影響了大阪新建築的設計。一九九三年在南船場地區落成的有機建築大樓（Organic Building Osaka）橘紅色的金屬外牆，以及一格格真正種花的花台，與老舊的「味園」相較，還真有異曲同工之妙呢！

一九九三年，在大阪南船場建造的「有機建築大樓」，似乎有向味園大樓致敬的味道。

怪獸大阪 Monster Osaka 06

開膛破肚的建築

英國倫敦在十九世紀末期，曾經出現一位神祕的連續殺人犯，犯案地區是在倫敦白教堂一帶，有多位妓女被殘忍地開膛肢解殺害，引起當時倫敦地區人心惶惶，這位神祕的兇手，因此被稱為是「開膛手傑克」（Jack the Ripper）。開膛手傑克一直未被抓到，這些案件成為歷史上的懸案，也成為倫敦歷史中最令人驚恐黑暗的部分；至今倫敦市區還有開膛手傑克的觀光路線，會有人帶著遊客去走那些昔日開膛手傑克出沒的大街小巷。

大阪雖然沒有開膛手傑克，都市偵探卻發現了一件建築謀殺案！

我們來到大阪這座熱鬧的城市，總是會被大阪JR車站附近的宏偉建築、城市新開發案 The Grand Front Osaka，以及原廣司設計的天空之城 Sky Building 所吸引，卻很少人發現位於車站附近高架橋交會處，有一座被開膛破肚的奇怪建築——門塔大廈。

大阪門塔大廈，有高架橋直接穿越大樓，猶如開膛破肚一般。

P
70

這棟奇怪的建築呈圓筒狀，建築物中間部分卻有一大空洞，讓高速公路高架橋就這樣從中穿刺、通過建築物，有如建築謀殺案般，十分驚悚嚇人！事實上，這樣的建築設計並非如想像中那般暴力恐怖，而是一種城市開發過程裡的妥協與共生，是開設道路的另一種選擇。

在台灣開設道路總是十分暴力與獨裁的，規劃單位在冷氣房裡用比例尺隨便畫出的新道路，現實生活中，就有許多人的住家或土地被拆除與徵收，因為開設道路基本上都被認為是「公共利益」，所以土地被徵收，住家被拆一半，是司空見慣的事。不過大阪這個位於高架橋交會處土地的地主卻不甘如此，不願意自己土地利益被犧牲，因此與高速公路單位協商，最後達成雙方都滿意的共識。

地主依然可以蓋大樓，不過大樓在中間五至七層樓部分，則呈現中空狀態，讓高速公路可以穿刺而過，形成一種奇特的景觀。其實大樓業主也不是平白犧牲大樓樓地板面積，高速公路局每年都還是要付出高額的租金給這棟大樓，美其名「租金」，事實上就是「過路費」。

這種「開膛破肚」的建築，在台灣一定會被認為是風水極差，甚至會帶煞或凶險，但是似乎只有台灣地區比較強調風水，在日本或歐美破洞或尖角的建築越來越普遍，例如丹麥哥

大阪門塔大樓（右）與北歐VM住宅（左）有異曲同工之妙，都是中國人視為風水不好的建築。

本哈根的ＶＭ住宅，由前衛的建築師事務所ＢＩＧ設計，住宅建築的陽台都是尖銳三角形，使得整座建築有如刺蝟一般，不過這樣的陽台設計，是考量景觀及日照，丹麥人並不以為意，反而覺得很特別、很喜歡！

日本人當然也相信風水，只是風水觀與我們台灣人有些不同。比如說，我們台灣人很怕墳墓或殯葬區，只要靠近墳墓或看得到墳墓的房屋，賣的價錢就很差，房屋仲介甚至將之稱為「嫌惡設施」。我們之所以害怕墳墓或葬儀社，是因為我們害怕死人會加害於我們?!（即便是自己的親人過世也會害怕？是因為自己在他生前虐待人家，所以害怕人家來報復嗎？）但是日本人在這方面的風水觀念就不同，他們認為死去的人不僅不會加害你，祖先甚至會福佑護庇你，所以很多日本住家旁邊就是墓園，甚至開窗就可以看到墳墓，他們也不會害怕！這樣的現象在台灣幾乎是不可能。

日本地區也曾經有過高速公路經過古墳區，為了讓高速公路順利通過，同時也不破壞古墳古蹟區域，公速公路往下深入地底，從古墳下方通過，讓交通建設與古蹟保存可以不衝突，是一種「共生」的狀態。

台灣地區因為風水考量，基本上也限制了許多建築師的創意與前衛概念，不過有些風水考量也不是不無道理，我曾經深入這棟被開膛破肚的辦公大樓裡去考察，就發現其實這棟大樓的出租率不高，為了讓出中央開口，建築物的電梯間垂直動線被安排在邊邊，雖然大樓與高架橋結構是獨立存在的，所以沒有震動的問題，不過每天看著高架橋上的車子往大樓衝過來，那種感覺就是一直在「路沖」，被「沖」到的狀態，非常不舒服！

不過我曾經搭車從高速公路穿越大樓進入大阪市區，感覺好像大阪的城門一般，穿過這棟建築就進入了大阪市區，風水問題可能還是見仁見智吧！大阪這座怪建築是現代都市發展中的產物，同時也提供了我們城市發展過程，衝突與對立之外的另一種選擇。

門塔大廈

地址：大阪市福島區福島5-4-21
電話：06-6940-7343
交通：從JR「福島站」出口出來，步行約三分鐘

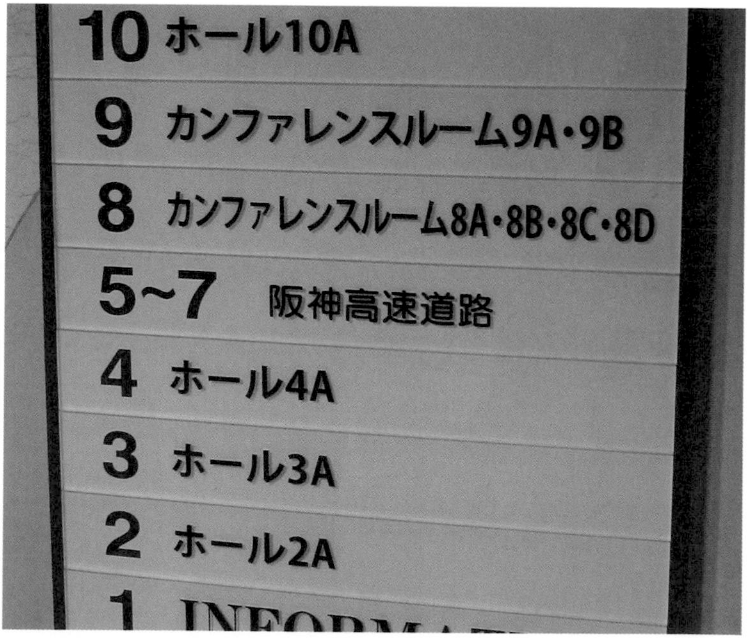

從門塔大樓門口的樓層告示牌，可以看出五到七樓是高速公路通過的位置。

怪獸大阪 Monster Osaka 06

大阪的結婚教堂

日本人一直有種奇特的喜好，就是所謂的「白色婚禮」（White Wedding），亦即是穿著白紗燕尾服的西式教堂婚禮，即便他們不是基督徒，也不去教會，甚至根本就是佛教徒或信奉傳統民間宗教，但是在結婚時，還是希望可以穿著白紗，以基督教的儀式來進行婚禮，而且最好有洋人牧師幫忙主持婚禮，排場大的還有聖歌隊、管弦樂團助陣。不過其實大部分的基督教會並不會幫非信徒舉辦婚禮，所以承辦喜宴的飯店業者，就承接這部分的業務，從婚禮、婚紗化妝，一直到喜宴喜餅，全部包辦，肥水不落外人田，成為一種利益龐大的婚禮商機。

飯店業者為了推展婚禮業務，漂亮浪漫的結婚教堂是非常重要的！所以許多飯店都聘請知名建築師設計厲害的結婚教堂，藉此吸引新人們的青睞，位於淡路島上的威士汀飯店「海之教堂」，就是建築大師安藤忠雄的經典作品。

找建築大師設計結婚教堂雖然是一大賣點，但是有的新郎新娘喜愛古典的教堂，而不是那些極簡前衛的教堂，所以飯店業者就想盡辦法興建仿古的結婚教堂。這些老舊教堂並不大，而且多

大阪蒙特利飯店在現代飯店大樓中，安插放入古典造型的小教堂，做為結婚教堂之用。

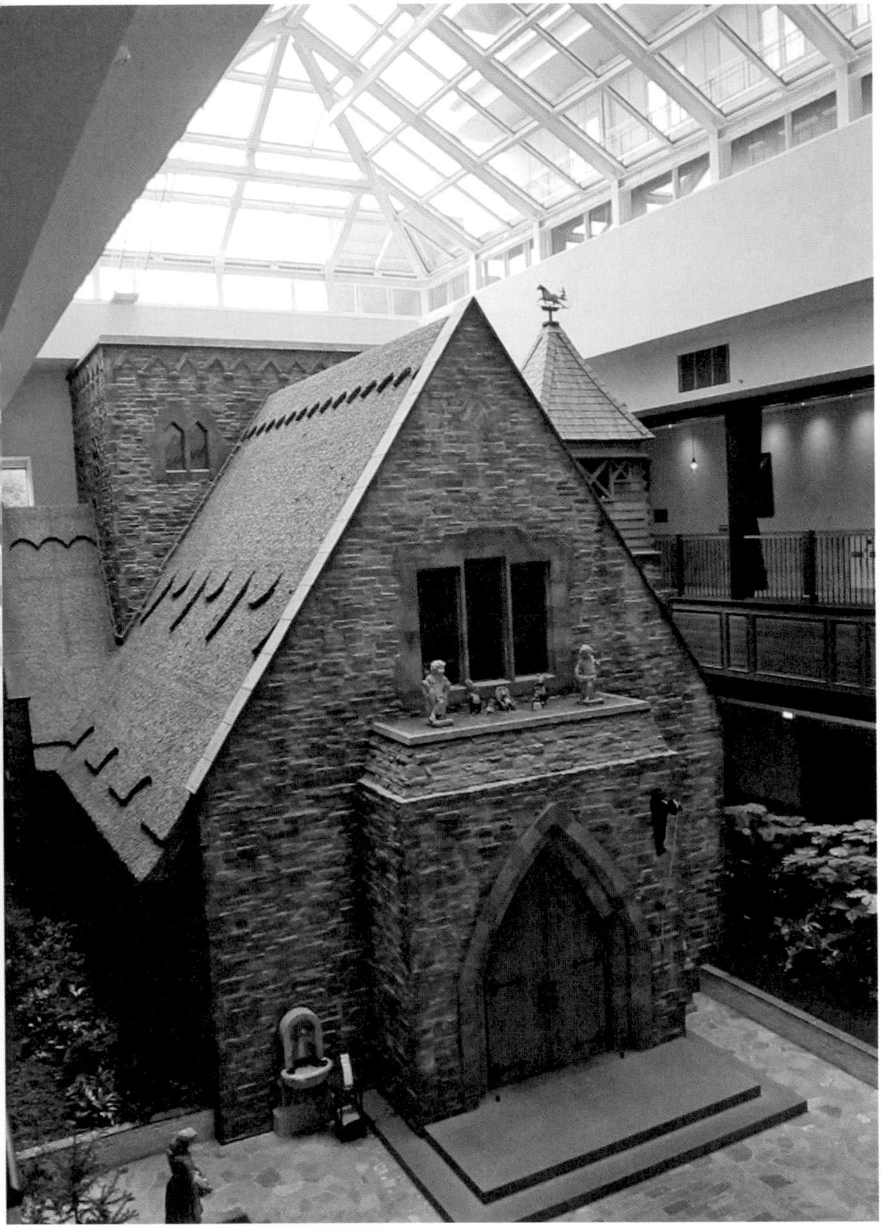

大阪蒙特利飯店系列裡，都會放置一座仿古的石頭教堂，做工精緻，以假亂真！

大阪
蒙特利飯店

地址：大阪市北區梅田3-3-45
電話：06-6458-7111
交通：從JR「櫻橋站」出口出來，步行約五分鐘

是石頭教堂，我記得以前在美國曾聽一位女同學說，她將來的婚禮一定要在哥德式的教堂舉行，而且一定要是「石頭建造」的教堂！石頭教堂有什麼特別？為什麼一定要在石頭教堂裡結婚？我推測可能是石頭帶給人堅固穩定的感覺，她一定是希望在這樣的石頭教堂結婚，婚姻可以穩固長久。不過後來她的婚姻是否長長久久，我已經沒有追查下去了！希望是不錯的結局。

大阪蒙特利飯店（Hotel Monterey Osaka）系列，在每一間飯店裡，都會安置一座歐式小教堂，作為舉辦婚禮之用，而且是仿造真實存在的歐洲教堂，例如大阪梅田的蒙特利飯店，就

是仿造比利時布魯日的十四世紀古都勒教堂（Chapel Goedele），這座教堂雖然是仿造的，但是材料構造都是真材實料，而且舊化的程度也做得唯妙唯肖，令人以為真的是從比利時移植過來的教堂。

相對於虛假的結婚教堂，位於神戶的鷹取教堂就真的會令人感動！

當年神戶大地震，鷹取天主教堂被震毀，信徒們失去了社區信仰的中心，建築師坂茂看在眼裡十分不捨，自己問自己，作為一個建築師到底可以幫他們做些什麼？因此設計了知名的「紙教堂」，希望利用紙管做材料，一般義工就可以幫忙搬運與施作，在短時間內重建起信仰中心，為大家帶來心靈的希望！

當年的紙教堂在多年後功成身退，天主教會在原址重建教堂，也是由坂茂所設計，這座紙教堂在台灣友人的居中協調下，後來就送到同樣曾經遭受地震災害的台灣埔里重建。

建築師坂茂繼紙教堂之後，為鷹取天主教堂設計的新會堂。

潛水艇咖啡店與墮落的建築

珈琲艇 CABIN

水都大阪因為水道綿密，水岸空間也產生許多有趣的建築，不過因為後來城市發展中，為了方便建造高架快速道路，都把高架橋蓋在水道之上，也因此破壞了大阪城市水岸空間的景觀。

在這些高架橋底下，有一座水邊建築非常有意思！這座一九三五年完工的「湊町大樓」（River West，由竹中工務店設計），有著三〇年代的「流線型現代建築」特色，在當年可說是非常前衛時髦，跟得上世界潮流的建築形式。所謂的流線型現代建築（Streamline Moderne），強調水平線條，圓弧轉角，特別是從輪船得到許多靈感，包括圓窗、水平圓鐵欄杆、帶狀窗等等，當年現代建築大師柯比意就是從搭乘輪船時，得到靈感，設計出經典的薩伏伊別墅。

這座湊町大樓有著三〇年代現代建築典型的圓弧轉角，整座建築呈現水平線條，當年是由阪急電鐵所出資建造的商業大樓，整座建築好像大輪船的船頭，地下室也就是靠近水邊的那層樓，開了一家叫做「珈琲艇CABIN」的咖啡店，在這家咖啡店裡喝咖啡，有如搭船一般，從圓窗外望出去，就可以看見道頓堀川，甚至看見水面移動的船隻，咖啡店還有戶外平台，就像輪船的甲板，欄杆上還特別裝上一個個橘紅色的救生圈，讓人有置身輪船或甚至潛水艇的感覺。

這棟大樓就像是航行在道頓堀川上的大船，看到的人無不莞爾！事實上，大阪市區也有很多

湊町大樓是三〇年代圓弧轉角的流線型現代建築。
坐在底層的咖啡店，望著圓窗外的水面，有如置身輪船之中。

形似大船的建築物，有幾家在道頓堀上的餐廳就將建築改造成日本帆船的造型，因為這些餐廳大部分都供應日本料理、海鮮類食物，這些建築造型讓人聯想到新鮮的食材從海上送來，而且日本料理店習慣上生魚片時，就是用木頭大船造型的食器來盛裝。木頭大船造型的建築，讓人很快知道這家店的營業內容，可說是一種符號象徵。

中之島上其實也存在著一間祕境般的喫茶店，這座名為「大大阪」的喫茶店位於一棟一九二五年的大樓內，由大阪商船商社所出資建造，那個時代正好是所謂的「大大阪」時期，所以大樓也十分華麗，整座建築轉角皆呈現圓弧狀，正好趕上當年美國現代建築的前衛流行，不過其門面

與細部還是有精緻的雕刻，正門上方的少女雕像以及華麗的鳥雀飾紋等，在在顯示當年大阪的富庶與繁華。

這座大樓因為年代老舊，曾經面臨拆除的命運，但是在大家的努力下，這棟屬於「大大阪」時期的建築得以保留，與新建大樓共構，達到兩全其美的結果。那間名為「大大阪」的喫茶店，就是位於舊大樓的底層，是由一家建築設計公司所經營，當年成立的目的，也是希望讓這棟大樓與「大大阪」的歷史風華，可以讓更多人了解與體會。

珈琲艇
CABIN

地址：大阪市西區南堀江1-4-10
電話：06-6535-5850
營業時間：07:00-18:00，週末營業時間不定
交通：從「難波站」D-26號出口出來，步行約五分鐘

墮落的建築

在道頓堀西端高架橋旁，還有一座奇特的旅館建築，是由日本建築師竹山聖所設計的，竹山聖是九〇年代東京非常優秀的建築師，擅長清水混凝土富雕塑性的建築作品，這座建築是他少數在關西地區的作品，因為基地位於街區尾端，呈現長條狀，因此建築師竹山聖設計出像一道牆般的建築物，但是如果從平面圖

建築師竹山聖所設計的D-Hotel後來淪為愛情賓館，改名為C-Hotel。

上觀察，可以發現狹長的平面上，正面呈現一道弧度，整個平面圖形狀就像是一個瘦長的字母「D」，所以這棟旅館就被稱作是「D-Hotel」。

多年前，為了一探旅館內部的模樣，特別訂了一晚住在D-Hotel。那晚來到櫃檯詢問，想不到櫃檯小姐一聽到我說英文，就落荒而逃，最後是老闆娘出來處理，老闆娘英文流利也親切，辦妥check in手續，進到房間才發現，原來這棟旅館太狹長，所以一層樓只有兩間長方形的房間，電梯就在兩個房間中央，而房間的盥洗室是完全開放的，對當時的人而言，應該是十分前衛的設計。

不過這幾年我路過這裡，赫然發現D-Hotel已經改名為C-Hotel ?!而且原本簡單樸質的建築開口，被裝上了一個俗豔的古典雕花門當入口，原來整個旅館已經淪為按時計費的愛情賓館，原本設計旅店的氛圍早已消失無蹤。

其實，道頓堀西端這區早已淪為夜生活的風俗區，晚上出入人士多不單純，我早就不太敢晚上在這附近閒逛，不過白天看到這座淪為賓館的現代建築，真不知建築師作何感想？

道頓堀附近還有一些旅館以譁眾取寵的裝飾來吸引客人，有一家旅館特別在門前樹立幾根大柱子，每根柱子上就是一個老外的頭像，這種做法好像過去中國人會在樑柱上刻一個紅毛番，代表讓外國人來做奴僕，幫你扛起屋頂的重擔；這些柱子上的老外，也是用來承擔重擔的象徵。

或許這些就是大阪這座城市的惡趣味，在這個怪獸城市裡，光怪陸離的事物只是生活日常，從這一區往北走沒多久，又將進入另一個世界，那就是有名的「美國村」。

美國村以販售美國牛仔褲、古著為主，後來演變為青少年文化的發信地，美國村的地標是一座豎立在建築物頂端的自由女神雕像，另外還有一尊巨大的小丑頭像，也是這裡的地標物。不過這個區域還有一種界定方式，就是這裡的路燈與其他地方截然不同，是特別設計的。這些路燈猶如外星人細長的身軀，頭部是發亮的球型燈泡，捧著店家的招牌，非常具有特色！所以當你看見路邊出現外星人般的路燈，就知道美國村到了！這種以路燈界定城市區域的做法的確是十分高明。

漫步大阪不同街區，可以發現不同的城市文化，以及不同的有趣建築，這也是我酷愛城市漫步的重要原因。

C-Hotel
（Continent Vijoux Hotel）

地址：大阪市中央區道頓堀 2-5-15
電話：06-6212-2995
交通：從「難波站」25 號出口出來，步行約五分鐘

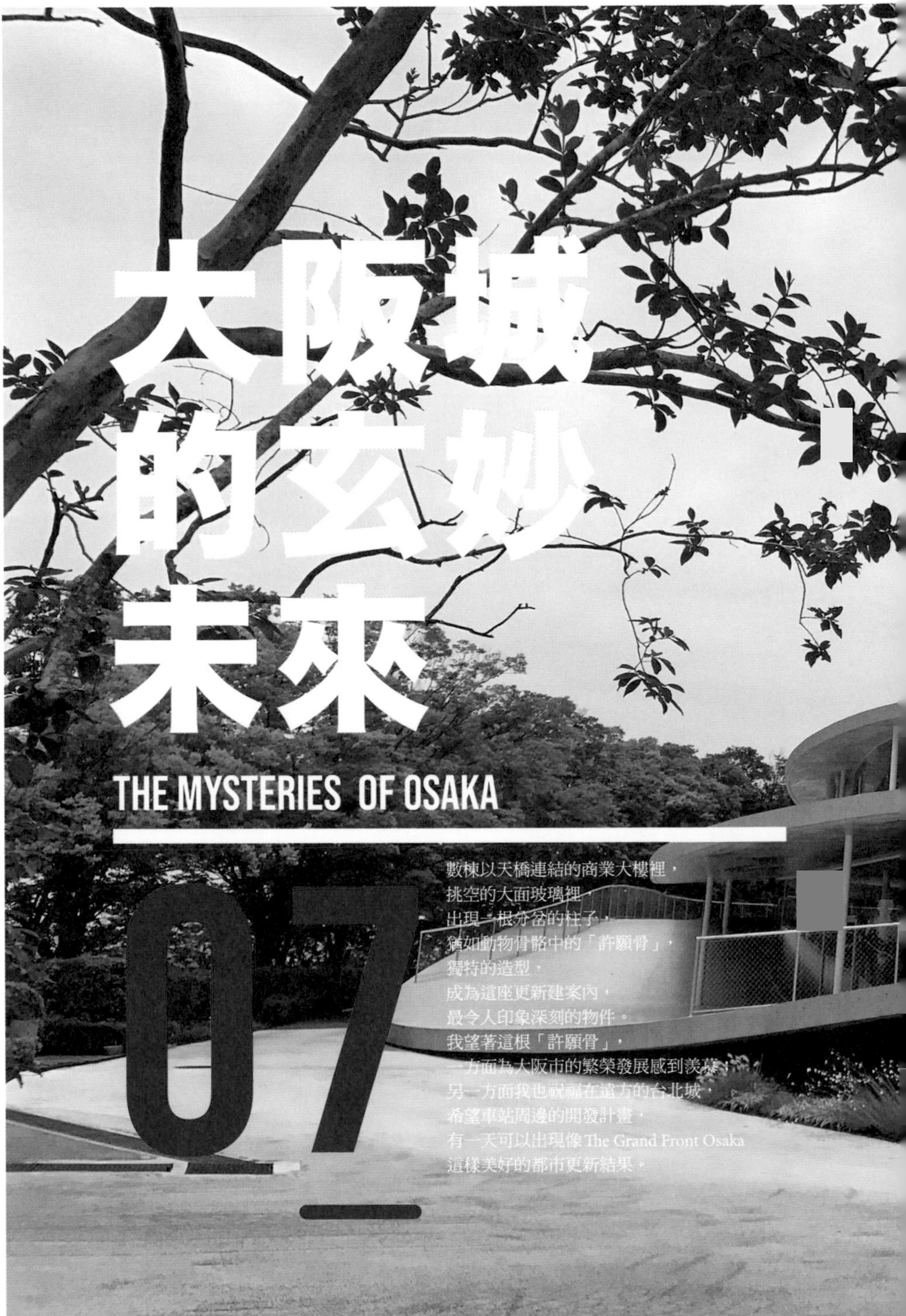

大阪城的玄妙未來

THE MYSTERIES OF OSAKA

07

數棟以天橋連結的商業大樓裡，
挑空的大面玻璃裡，
出現一根分岔的柱子，
猶如動物骨骼中的「許願骨」，
獨特的造型，
成為這座更新建案內，
最令人印象深刻的物件。
我望著這根「許願骨」，
一方面為大阪市的繁榮發展感到羨慕；
另一方面我也祝福在遠方的台北城，
希望車站周邊的開發計畫，
有一天可以出現像 The Grand Front Osaka
這樣美好的都市更新結果。

怪獸大阪 Monster Osaka 07

巨墳的祕密

關西地區在日本早期曾經出現過許多巨墳，這些巨墳大小不一，有的就像一座山丘，有的就只是個小土堆。過去人們在地面上看不太清楚，無法分辨是山丘還是古墳，直到空照圖出現之後，人們才赫然發現原來自己家附近居然有古墳，甚至有一座兒童遊樂公園，後來居然也發現是蓋在一座古墳上。

—近飛鳥博物館與天理車站前設施—

那些古人之所以建造巨墳，目的就是要人去紀念他，不要忘記他，但是時間久遠，即便是巨大如山的墳墓，也因為荒煙蔓草，終究被人所忽視、所遺忘。除非是像金字塔一般，以堅固耐磨的石材所搭建，並且要塑造成非自然、抽象幾何的形狀，才不會被大自然所淹沒。事實上，大阪南部堺市有所謂的「百舌鳥．古市古墳區」，當年這個區域裡，總共有兩百多座古墳，現存有八十九座，其中堺市古墳區稱為「百舌鳥古墳群」。

百舌鳥古墳群裡有一座超級巨墳，是仁德天皇陵古墳，其巨大的程度據說可以與秦始皇陵與埃及古夫金字塔齊名，整個皇陵被都市所包圍，而且巨大古墳還有護城河，保護著古墳不受侵擾破壞；如果飛到天上觀看，會發現在護城河環繞的綠地，竟然呈現一個鑰匙孔的形狀，如果有人從飛機上看見地面上這個巨大鑰匙孔，一定會以為這就是通往古墓陰間世界的入口！

我就是受到那張「鑰匙孔」照片所吸引，特別跑到堺市去看這座奇特的古墳，到現場時只看到這座綠地森林，還有寬闊的水面，根本看不出所以然來，於是在仁德天皇陵古墓附近，蓋了一棟紀念館，人們只能在裡面用ＶＲ設備，從天空俯瞰古墓。

—古墳的複製—

中國人對於墳墓可說是避之為恐不及，甚至將之視為嫌惡設施，深怕影響到附近房價，但是日本人居然不害怕古墳，甚至將其視為某種地方象徵，運用到建築設計的意象上。大阪附近有一些建築就是以古墳作為設計意象，猶如古墳的複製一般。

安藤忠雄所設計的近飛鳥博物館就是其中一例，這座博物館其實就是展示關於古墳的種種事物，特別是巨大的仁德天皇陵。安藤忠雄以古墳為意象，設計一座類似山丘的建築，山丘呈現大階梯狀，中間有一座方塔通天，造型非常詭異，卻是建築大師精心設計之作。

進入這座古墳般的博物館，必須從前方一處圍牆入口開始，安藤忠雄喜歡運用圍牆來引導參觀者的動線，並在移動過程中，觀看設計者的精心設計；走進入口圍牆，參觀者與車道隔開，進入一座寧靜的花園，那是一座有水池的自然花園，讓人們可以沉澱心靈，緩慢步伐，沿著圍牆邊步道前進，不久就可以看見山丘般的博物館建築，看見一個如峽谷般切入山丘的入口。

為什麼進入古墳般的建築，需要經過這麼長的路程？難道建築師希望人們在面對代表著「死亡」的墳墓前，有一段安靜沉澱心靈的時刻？還是藉著自然的植物水塘，讓人重新面對自己的人生？不論如何，這段路程其實就像人生的旅途一般，每個人的人生終將走向墳墓（死亡）。

穿越峽谷般的入口通道，參觀者才真正來到博物館大門，整個博物館就是在大階梯底下，而那座大型仁德天皇陵模型，就在地下室大廳，整座建築的方塔的正下方，感覺上建築師有意讓陵墓亡魂可以直接循著方塔升天的意思！

回到建築物正面的大階梯，其實這裡是很棒的戶外開放空間，正如羅馬的西班牙廣場，是人們可以席地而坐，聊天聚集的好地方，旅行團拍團體照總是喜歡在這裡拍攝，甚至還有時尚品牌雜誌也在這裡辦過服裝走秀發表會，因為這個空間實在太特殊，也太有個性了！

飛鳥山博物館

地址：大阪府南河內郡河南町大字東山 299
電話：07-2193-8321
營業時間：09:45-17:00，週一公休
交通：從「喜志站」出口出來，換乘巴士至終點站下車

天理車站
CoFuFun

地址：奈良縣天理市川原城町 803
電話：07-4363-1001
營業時間：08:00-19:00
交通：從 JR「天理站」東口出來，步行約一分鐘

安藤忠雄飛鳥山博物館模型。

—充滿趣味的複製墳墓—

另一座以古墳為設計概念的天理車站前廣場設施CoFuFun，日本古墓被稱作是CoFu，墳墓不可怕，還變得很好玩？這簡直太前衛，也太令人不可思議了！

天理市是日本天理教的大本營，這裡有天理教的寺廟，以及天理大學等設施，附近也有歷史古墳，城鎮居民也不少，所以整個天理車站站前廣場

飛碟建築的內部有天窗（右頁圖）與坡道（上圖），創造出多元的公共空間。

的設計，必須兼顧社區居民活動，以及歷史文化，創造可以活化市鎮的新型態公共設施。

設計團隊Nendo的主持人是佐藤大，他們沒有設計一整棟的活動中心，而是以幾個類似飛碟或陀螺的白色圓盤去容納包括詢問台、遊樂區、商店、餐廳、咖啡店，以及自行車租車站、舞台、會議空間等需求；走出車站一看，就發現有大大小小類似飛碟的東西在廣場上，或是說很像是一個個圓形的馬雅金字塔，帶給人們很大的想像空間。

所有的白色飛碟都有不同的功用，有的是可以進去用餐，圓形金字塔頂端剛好是天窗，有奇異的光線投入，像是要被外星人帶走一般；有的建築像是飛碟打開艙門，迎接你進入其中，裡面竟然是一個彈性的跳躍台，讓小朋友可以在內盡情跳躍，享受釋放能量的快感！

從來沒見過一個車站站前廣場如此令人開心愉悅！在這裡感受不到什麼古墳的幽暗與恐怖，有的只是歡樂與趣味，雖然說是古墳的意象，卻是另一種詮釋方式，令人覺得很有意思！

雖然同樣以古墳作為設計概念，卻有著不同的呈現方式，可見談到墳墓或死亡議題，其實也不一定是那麼可怕，也可以是開心或愉悅的，就看你的生死觀是如何了？不過這些跟古墳有關的公共建築，至少提醒了民眾，這附近還有老祖宗的墳墓，他們在歷史中，與你共存在這個空間中。

天理車站前的廣場設施CoFuFun古墳造型建築中，有許多讓孩童盡情玩耍的空間。

以古墳造型設計的CoFuFun，也像是金字塔等神祕空間。

外星人降臨
妹島星球

妹島和世的渦旋飛碟建築

世界各地大學校園林立，一座大學如果想要爭取曝光的機會，除了爭取學術排名，努力成為頂尖大學之外，還可以聘請知名建築師，設計建造校園建築，藉著明星建築師的光環，讓學校成為世人矚目的焦點。

如今，大阪藝術大學成為許多人想去一探究竟的大學校園，因為得過普立茲克建築獎的建築師妹島和世，在這裡設計了「Art Science 藝術科學系」新校舍。關於校園建築的設計，妹島和世之前為瑞士理工學院所設計的勞力士學習中心（Rolex Learning Center），前衛的設計就曾經轟動全世界，再加上日本建築師隈研吾後來設計的藝術實驗室，讓這座學校驚豔全球！

其實妹島和世主要的作品都在關東地區，大阪地區幾乎沒有她立足的空間，大阪藝術大學的新建築可說是她在大阪的灘頭堡，因此也特別受到大家的矚目與看重。大阪藝術大學藝術科學系新建築，猶如一艘白色外星飛碟降落在山丘上，螺旋狀的坡道、有機的曲線，與周圍自然山丘融為一體。妹島和世這些年的作品充滿著曲線的美感，強調著一種屬於女性的柔和與美麗；藝術科學系的新校舍，白色圓弧層層交疊，很像一種前衛的大蓬蓬裙，又像是包浩斯學院舉辦舞會的怪異裝扮，兼具理性科幻與藝術前衛，正符合藝術科學系的精神。

大阪過去就一直有一種外星怪物介入城市的特質，就像七〇年代大阪萬博會的地標物太陽塔，本身就是一座詭異、有如外星怪物的物件，好像是從外太空掉落地球，然後插在大阪萬博公園的地表上；大阪藝術大學這座新建築，也像是完全不同的外星物體，降落在校園中，為這座稍嫌平淡的大學校園，帶來令人驚奇的興奮感。

作為一座系館建築，這座建築顯得不是那麼經濟實惠，建築物內部是一個寬大的廳堂，妹島和世特有的纖細圓柱整齊排列著，藉著周邊的透空部分，光線與綠意可以輕易地在室內外流動著，整個大廳擺放著幾張討論桌，三三兩兩的學生分散各桌，看書

妹島和世設計的渦旋飛碟建築，為稍嫌平淡的校園，帶來令人驚奇的興奮感。

聊天或是撩妹，室內回音很大，大家都儘量克制說話的聲音，顯然這裡是無法作為教學或交誼的良好空間。

所以這裡不是一座合適的教學大樓，但是我又不得不說，這個空間裡的光影與建築線條的流轉，卻是十分誘人的！妹島和世為這座學校帶來全新的空間體驗，或許不像傳統地球上的空間，可能是某種我們不了解的異星空間體驗，但是這樣的空間經驗，正好刺激使用者有不同的生活日常感受，或許正是藝術創作學校師生所最需要的。

過去日本大學校園的地標建築多為高塔狀，就是所謂的「精神堡壘」，例如東京大學的安田講堂、早稻田大學的大隈講堂等等，但是妹島和世的新建築宣示了一個新世代校園「精神堡壘」的年代，用水平取代垂直，用曲線取代直線，更能代表藝術創作大學的精神意義。

對於一座藝術學校而言，傳統呆板的建築生活空間，只會扼殺創作的靈感與動力，但是異星般的建築空間，卻可能帶來不同的創作思考。老實說，大阪藝術大學如果沒有這座建築，整個校園就顯得太過平淡無奇，絲毫不能吸引有創意的人前來就讀。如今，妹島和世這座建築成為整個校園中最重要的建築空間，猶如學校的創意靈感中心，讓這個校園重新充滿魅力與動能。

妹島和世的校園建築，成就了某一種的環境空間教育，藉著空間，轉化人們的心靈狀態。

大阪藝術大學

地址：大阪府南河內郡河南町東山469

電話：07-2193-3781

營業時間：參觀採全預約制，詳情請見官網

交通：從「喜志站」出口出來，換乘免費接駁巴士，約十分鐘可抵達

新世紀福音書店

大阪枚方蔦屋書店旗艦店

蔦屋書店創辦人增田宗昭，說：「蔦屋書店不是在賣書，賣的是生活提案！」枚方是蔦屋書店的發跡地，因此現在的蔦屋書店枚方店，果然比其他許多蔦屋分店來的精彩有看頭。整棟大樓有各式各樣的書籍、商品，有咖啡與食物，讓人逛街逛到樂不思蜀！這樣的書店根本就是天堂樂園，誰還會不想去書店呢！

二〇二〇年五月底，誠品書店敦南店熄燈關門，讓人不勝唏噓！想到台灣的誠品，大家就會聯想到日本的蔦屋書店，不過最早的蔦屋書店不是在東京代官山，而是在大阪的枚方市，一九八二年增田宗昭開了一家叫做Loft的咖啡店兼唱片行，後來成為結合影音出租店及唱片行的書店「蔦屋書店枚方店」，就是「Tsutaya」的原型；這裡也是整個蔦屋書店理念實踐的開始，當時就是希望讓「文化（Culture）」變得「唾手可得（Convenience）」，以及讓書籍成為生活資訊。

從車站出來就可以看見有如書櫃堆疊的蔦屋書店大樓，而整個室內的巨大書櫃牆，更強化了整個書店的戲劇性！在這裡你會感覺就像是身處在書本的天堂，有一種坐擁書城的滿足感。很多人說，這個時代談感覺太落伍了，要講大數據，要數位化才能成功經營；但是增田宗昭卻認為「顧客會因為感覺來店裡，而不是因為理由」。

──強調「感覺」的書店──

我非常同意增田宗昭的想法：「追求效率，不代表人就會幸福。」數位時代裡，處處追求效率，講究數字與理由，結果人們不僅沒有更快樂、更幸福，反而成為電腦的奴隸，生活壓力大增。現代城市生活中，處處要求數位化，人們必須上網填寫種種的資料數據，好讓電腦可以迅速計算結果，原本電腦應該用來服務人類的，如今人類反而成為電腦的奴僕，努力填表格來滿足電腦。

我常常跟聯繫的單位人員說，我不喜歡在網路上填表格，我有「填表恐懼症」（這個名詞是我自己發明的），不過我的確對於生活中不斷地填表心生懼怕，為了填表問題，我甚至萌生退休之意，但是後來發現退休也要填很多表格，只有作罷！

蔦屋書店讓你感覺，這是一個講究直覺與感情的地方，是一個不會讓你陷入算計地獄可怕景況的樂園。在這個書店裡，你可以任憑你的感覺飛翔，盡情地去想像與享受所有的可能性。蔦屋書店好像在編一本雜誌，裡面有許多有趣的專欄，大家進入這本巨型的雜誌裡，可以各取所需，找到自己所想望的事物。

食品
食品
果物・野菜
海の幸
海の幸
肉・ハム
肉・ハム
肉・ハム

圖書館化的空間

巨大書櫃給人一種「圖書館化」的感覺，讓人意識到這個空間的神聖性與豐富性，甚至會覺得這裡面存在著某種神奇的魔法。位於葡萄牙波多的萊羅書店（Livraria Lello），就是這樣一座充滿魔法空間感的書店，螺旋的樓梯、整面牆滿滿的書籍，讓當年在此的作家 J. K. 羅琳寫出了《哈利波特》奇幻小說。葡萄牙最古老的大學科英布拉大學（Universidade de Coimbra）的圖書館，已經有三百年的歷史，內部華麗極致，令人讚歎！更有趣的是，這樣的圖書館內也有魔法般的傳言，據說圖書館內有蝙蝠家族，世世代代守護這座圖書館，牠們平日多藏在書櫃間，夜晚才出沒捕食書籍中的書蟲。

圖書館給人一種「知識殿堂」的神聖性，在知識的大海裡，人們顯得渺小卑微，讓人知道要謙卑與低調；書店雖然強調便利與親民，但是某方面仍就要讓參與其中的人，感受到知識之海的浩瀚與偉大！

這座圖書館化的書店，是非常貼近市民的生活，從大門進入就可看見星巴克女神的美人魚標誌；咖啡與書店相互結合，喝咖啡讓人心思沉澱，可以安靜進入書中的世界；咖啡香氣與書香之氣，似乎也是相輔相成，毫無違和之感。畢竟是車站前的地標大樓，書店也有許多用餐空間，各式各樣的料理，滿足了顧客的味蕾。這家車站前的蔦屋書店，讓市民所有的渴望，幾乎都能滿足

蔦屋書店

與實現。

大阪這座商業鼎盛的城市，長久以來，就不如京都或是東京，缺少文化氣質與學術氛圍，但是卻可以產生這樣一座顛覆傳統、受人們歡迎的書店，的確令人跌破眼鏡。

事實上，在大阪枚方市的蔦屋書店大樓落成之前，大阪市區道頓堀的蔦屋書店，早就是觀光客最愛的書店了，因為這家位於道頓堀戎橋前的書店大樓，最早實施二十四小時營業，一樓販賣雜誌，特別是大阪城市學、大阪觀光的雜誌，二樓是咖啡店，三樓是書店，四樓以上有影音出版品，地下室則是所有的漫畫書籍。

這家二十四小時營業的蔦屋書

大阪枚方蔦屋書店旗艦店

地址：大阪府枚方市岡東町12-2
電話：07-2861-5700
營業時間：07:00-23:00，每一層樓營業時間不同，詳見官網
交通：從「枚方市站」南口出來，步行約一分鐘

店，有如深夜中大阪城的明亮燈塔，吸引著所有的夜貓族與未成眠的觀光客流連，他們在吃完金龍拉麵宵夜之後，就來這裡翻閱雜誌，看看明天可以去哪裡觀光探險；或是直接買杯濃重的咖啡，讓整個夜晚清醒到天亮。過去戎橋對面有一棟高松伸設計的Kirin Plaza大樓，大樓上方四個方柱在夜晚會發亮吸引人們目光，就像是燈塔一般，可惜大樓後來被拆毀，燈塔的地位被蔦屋書店所取代。

心齋橋附近其實還有一家Standard Bookstore，販賣藝術時尚生活風格的書籍雜誌，也是我去大阪常去逛逛的書店，這家書店很早就在販賣書籍同時，也販賣相關產品物件，例如藝術書籍旁邊，就會賣藝術家的海報、飾品或是公

高
者
元
生き
持って
心
お気

大阪枚方蔦屋書店就像是一座宏偉壯觀的圖書館。

仔，而露營書籍旁，則販賣露營工具、爐具等，用書籍挑起人們內心的慾望，順便販賣各種物件，滿足內心的渴求！這種行銷手法，其實與蔦屋書店增田宗昭的做法是很接近的。

有人說：「書店是一座城市的靈魂！」我覺得大阪這樣一座城市會產生蔦屋書店是合理的，因為大阪就是這樣一座親民、便利的城市；其實你也可以說，蔦屋書店正好反映了這座城市的身世與性格。

大阪城 GRAND FRONT OSAKA 許願骨

沒有一塊骨頭在動物體內是那麼小，卻又是那麼重要，而且賦予人們很多的期待與意義。「許願骨」（Wish Bone）位於禽鳥動物的前胸，正式名稱是「Furcula」，拉丁文是「小叉子」之意。許願骨位於動物身體的重要部位，是鳥類飛行的重要骨骼，它不僅重要，也被用來當作許願的工具，充滿著盼望與夢想。梅田位於大阪城北邊，也是大阪JR車站的位置，與舊社區難波車站南北相望，梅田就像是大阪的許願骨，既重要且具有未來性，同時也是大阪城未來發展的重要希望。

大阪車站北邊原本是一塊鐵道調度場，停滿貨運鐵道列車，是大阪梅田精華區中未經充分利用的地帶，但是這幾年的整理與建設，出現了一整列高聳的購物中心、商業大樓，同時也有廣場、花園綠地，為大阪市創造出另一個市區的美好空間，成為近年來大阪市最令人矚目的都更成功案例，這個都市更新案被稱作是「The Grand Front Osaka」。

成功的都市更新計畫，不是拆老屋蓋豪宅，而是在更新的過程中，為市民創造出更多優質的開放空間，讓市民們不論老弱貧富都可以自由前來享受。這座購物商場建築被作為連結大阪車站北端的延伸發展，但是在連結中間地帶則以廣場空間作為緩衝，讓忙碌的市民出了車站，可以有一段歇息喘息的心靈空間。

這座廣場被稱為是「梅北廣場」，由日本建築師安藤忠雄所設計，安藤先生善用水庭來軟化廣場給人的冷冰冰印象，往地下層瀉流的瀑布水聲，阻隔了城市交通帶來的噪音，也為城市市民的心靈帶來撫慰效果。水池中也設計「飛石」，讓人在現代都市中也能體驗傳統日本庭園的樂趣。

許願骨造型的結構柱設計，同時也是幸運的象徵物。

原本梅田地區，在ＪＲ大阪車站北邊，僅有一棟由建築師原廣司所設計的「藍天大廈」（The Sky Building），其實當年原廣司設計藍天大廈時，就有將所有大樓連結在一起的構想，不過這種構想不易實現，他只有將自己兩棟大樓用一個圓環套在一起，好像在兩座大樓上戴一個天使光環。我很喜歡這個想法，有一種科幻想像的味道，不過後來The Grand Front Osaka似乎實現了這個夢想，數棟商業大樓以天橋連結，高層部分是商業辦公大樓、高級飯店，底層部分則是名牌旗艦店的聚集地，餐廳、書店，創意展示中心林立，成為大阪城市展現給外人觀看的最新門面，讓所有從城市門戶大阪車站出來的旅人，看見The Grand Front Osaka時，都會不由自主地讚歎這座城市的偉大！

最有趣的是，數棟以天橋連結的商業大樓裡，挑空的大面玻璃裡，出現一根分岔的柱子，猶如動物骨骼中的許願骨，獨特的造型，成為這座更新建案內，最令人印象深刻的物件。人們以往在啃雞骨頭時，拿到許願骨總是被認為是幸運的象徵，並藉此許願，祈求未來有美好的發展；看見這麼巨大的一根許願骨，不知道會不會有人想衝過去，抱住它許願祈求。

我望著這根許願骨，一方面為大阪市的繁榮發展感到羨慕；另一方面我也祝福在遠方的台北城，希望車站周邊的開發計畫，有一天可以出現像The Grand Front Osaka這樣美好的都市更新結果。

The Grand Front Osaka

地址：大阪市北區大深町4-1

電話：06-6372-6300

營業時間：11:00-21:00

交通：從JR「梅田站」中央北口出來，步行約三分鐘

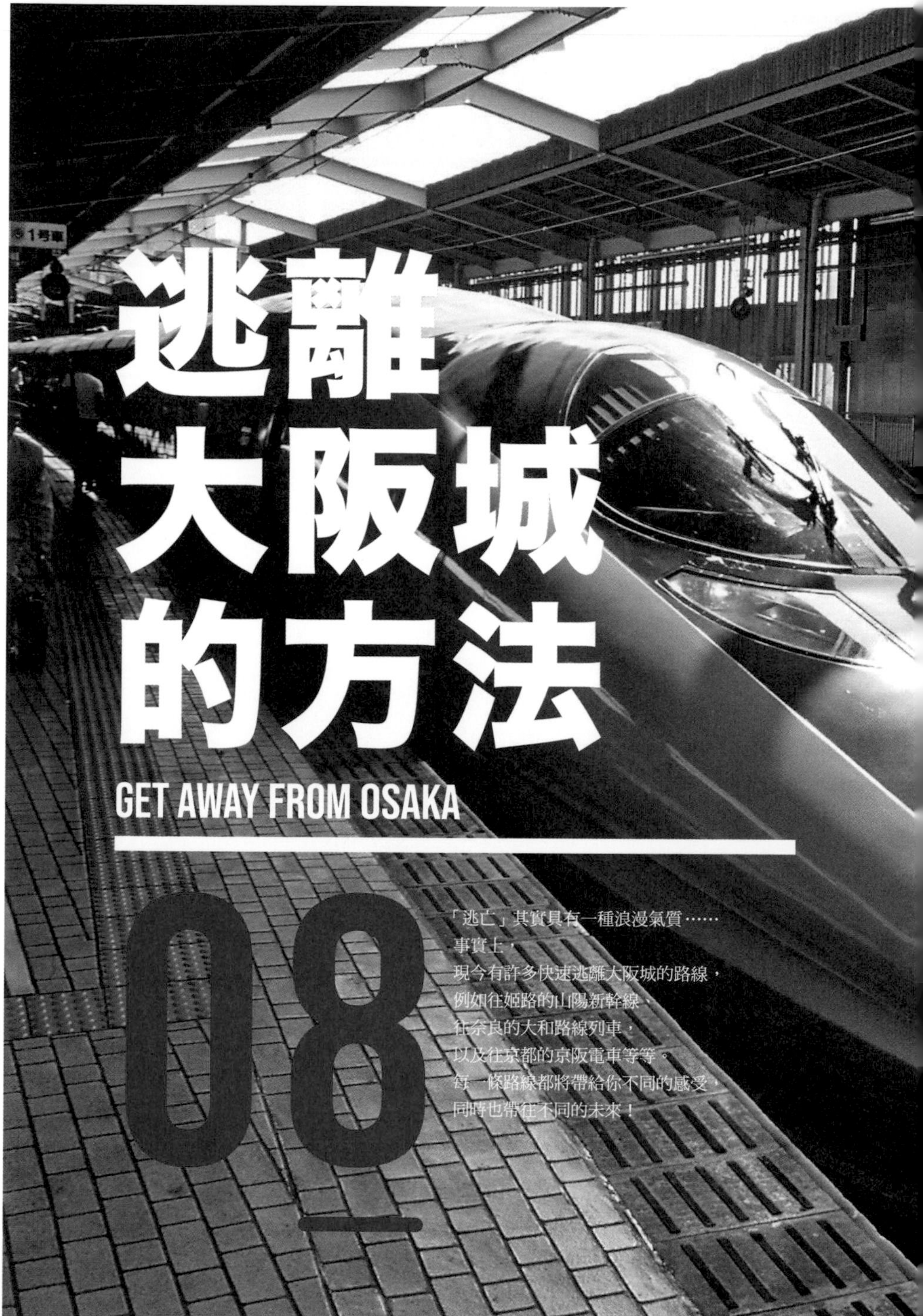

逃離大阪城的方法

GET AWAY FROM OSAKA

08

「逃亡」其實具有一種浪漫氣質……
事實上，
現今有許多快速逃離大阪城的路線，
例如往姬路的山陽新幹線、
往奈良的大和路線列車，
以及往京都的京阪電車等等。
每一條路線都將帶給你不同的感受，
同時也帶往不同的未來！

快速脱離大阪城的路線

萬城目學的小說《豐臣公主》，是一部結合歷史、文化、奇幻與懸疑的長篇小說，內容描述當年大阪城陷落，豐臣家族被殺害殆盡，唯獨存留一血脈，世世代代由大阪人的祕密社團保護著。事實上，根據歷史記載，豐臣家族的小兒子原本由僕人帶出城逃難，躲藏在一個山洞中，不料還是被抓遇害，讓豐臣家族斷了子嗣。許多人就在想像，如果當年他們逃離大阪城的路線不一樣，歷史會不會因此有不同的結局？

「逃亡」其實具有一種浪漫氣質，我小時候就著迷於英國間諜小說《三十九步》，覺得主角從倫敦易容搭火車，往北邊蘇格蘭高地去的過程，本身就是充滿驚險刺激又浪漫的旅行，令人讀了有如身歷其境，很想去高地體會那種逃亡的浪漫。三島由紀夫小說《金閣寺》中的小和尚，因為著迷金閣寺建築的極致美感，最後受不了放火燒掉金閣寺，放火之後，他感受到一種害怕與快感，因此搭火車逃往靠海邊的舞鶴。小說中並沒有詳盡描述這段逃亡過程，只是一句話帶過，但是我可以想見小和尚連夜逃跑，在火車上的心境變化，那種豐富的感受絕非一句話可以形容；我如果是拍攝《金閣寺》電影的導演，我不會照小說的時間順序來編劇，我會從逃亡的火車上，小和尚的內心戲開始，然後藉著窗外的景色變換，開始回溯放火燒金閣寺前的每個片段。

事實上，現今有許多快速逃離大阪城的路線，例如往姬路的山陽新幹線、往奈良的大和路線列車，以及往京都的京阪電車等等。每一條路線都將帶給你不同的感受，同時也帶往不同的未來！

逃往姬路

山陽新幹線沿著瀨戶內海、經過姬路、岡山、尾道、廣島，一直延伸到九州的博多車站，如果買山陽新幹線的五日券，就可以住在大阪，每天搭乘新幹線列車前往不同的城市遊覽，非常經濟實惠。

山陽新幹線除了傳統的新幹線列車之外，是最早使用五〇〇型子彈列車的路線，當年為了拚時速三百公里的高速紀錄，特別請來德國工業設計師，設計出一款細長如鉛筆般的車頭，駕駛艙仿照F-16戰機的玻璃機艙蓋，充滿流線速度感，果然合乎流體動力學，很快就達到時速三百公里的境界。山陽新幹線的

搭乘山陽新幹線 Rail Star，可以很快逃離大阪，前往姬路、廣島等地。

七〇〇型列車，也和一般JR的七〇〇列車不同，採用的是獨特的塗裝，稱作是「Rail Star」。

山陽新幹線可以很快地帶你逃出大阪城的喧鬧，到氣質優雅的姬路城，這兩座古老城堡，有著截然不同的性格，大阪好像濃妝豔抹的喧譁城市女郎；姬路則像是氣質婉約的文青少女。大阪城其實並不是原本的城堡，整個天守閣是戰後才重建的建築，所以結構是鋼筋混凝土，裡面甚至還設置有電梯，想到以前的大名武將們，每天還要爬上那麼高的天守閣上，能夠有電梯實在是幸福！姬路城在二戰期間奇蹟式地逃過被轟炸的命運，成為少數保存完整的日本城堡，因此被列入「國寶城」的名單，

氣質優雅的姬路城，是少數列入「國寶城」名單中的古城！

整座城堡呈現白色，因此也被稱作是「白鷺城」，相對於姬路城的白色，同樣是國寶城的松本城，則因為城堡呈現黑色為主，被稱作是「烏鴉城」。

從新大阪搭乘新幹線至姬路，花費不到一個小時的時間，就可以從繁華熱鬧的都會，逃到充滿古典氣質的姬路。國寶城姬路幾年前大肆保養整修，如今煥然一新，讓這座白鷺城更添美麗清新！每年的櫻花季，姬路城下遍植櫻花的公園，是公認的最佳賞櫻名所，櫻花淡粉清新的美顏，搭配白鷺城背景，構成一幅古典清新的畫作。騎著鐵馬沿著護城河漫遊，前往安藤忠雄所設計的姬路文學館，在清水混凝土牆與光影的映照下，沾染更多的古典文學氣質。

—逃往奈良—

從大阪前往奈良的ＪＲ鐵道路線被稱作是「大和路線」，因為這條路線經過日本最具古典歷史的區域。

奈良是日本的古都，過去因為宮廷鬥爭殺戮，朝廷不安而移往京都設城，奈良從某些角度來看，是被冷落的，雖然遊客們還是會去東大寺體會思古幽情，會去廟前廣場餵鹿，嘗試《鹿男》小說中，與鹿說話的神奇遭遇。但是從飯店數稀少，可以看出觀光客並不是真正喜歡這個城市，雖然有眾多歷史古蹟，但是顯然歷史知識嚴肅無趣，並未能吸引觀光客的停留或住宿，也因此奈良總是比大阪清幽、安靜與悠閒。

JR奈良車站是典型的帝冠式建築，非常特別！

一般遊客並沒有真正喜愛奈良，他們只喜歡奈良外在的形式，那些宏偉的寺廟建築，以及可愛的梅花鹿，然後拿著大佛的脆餅去餵食梅花鹿；他們並沒有真正想認識奈良的歷史與內涵，就好像是他們只想餵食可愛的梅花鹿，但是如果梅花鹿開始說話，想要告訴你奈良更深沉的歷史與哲理，觀光客們一定會被嚇跑！

如果梅花鹿是神的使者，扮演著人神之間溝通的橋樑，但是人們卻只希望牠們只是可愛的鹿就好，不想跟那些更深沉的意義所關聯；奈良就是梅花鹿，是連結日本更深沉形而上意義的代表城市，但是膚淺的觀光客卻只要膚淺的外表與可愛，不想深入了解其內涵。

觀光客的膚淺與忽略，讓奈良這座城市保有她的清幽與神祕，奈良與京都就像是川端康成小說《古都》中的姐妹，因為兒時的分離，被不同的家庭扶養長大，一個在城市中成長，另一個則在鄉下長大，成就出兩種不同的城市性格。

對於「日歸型」的人而言，逃往奈良比逃往京都，是更好的一種選擇。

—逃往京都—

逃往京都是有道理的！因為我第一本日本城市系列書寫，寫的就是京都，京都可以說是我的心靈故鄉，所以如果要逃離大阪，我下意識就是會逃到京都去！

以前從大阪到京都，我總是傻傻地到梅田JR大阪車站，再搭電車去JR京都車站，後來我悄悄跟蹤人群的動向，看著他們從淀屋橋附近的地下道進入一個神祕的車站，我才發現日本人都搭另一條路線去京都，那個擁擠狹窄的地下車站，因為就在河邊，似乎也無法擴建，因此便如此沿用下去。

搭乘京阪電車前往京都的路程中，列車停靠一個不知名的小站，
抬頭只見車站外滿開的櫻花樹。

京阪電車是連接大阪、京都兩座城市心臟地區的電車。

這個地下車站就是京阪電車的起點，河對岸就是中之島的大阪市政廳，所以這裡可以說是大阪城市的心臟地帶，ＪＲ大阪車站在北邊梅田，南海電鐵車站在南邊難波，京阪電車車站正好位在兩者中間。京阪電車路線與ＪＲ不同，走的是過去地方的衛星城市與城鎮，一路上停靠許多不知名的車站，不過列車進入京都市區，同樣是沿著河流（鴨川）前進，最後到達京都大學附近的出町柳，在這裡還可以搭乘叡山電鐵，直接上山遊玩。

京阪電車可以說是連結兩座城市心臟地區的電車，也可以說是將兩座城市牽繫在一起的繩索，如果住在大阪，卻想去京都遊玩，京阪電車可說是最佳的選擇。

京阪電車車站

地址：大阪市中央區北濱3-6-14

大阪城的複雜與矛盾

每次想到去日本，常常就不由自主地搭機直飛關西機場，然後住進大阪市區的飯店，享受城市的繁華與美食；可是沒多久卻又會想逃離這座城市、逃離五光十色的霓虹燈、逃離市區喧鬧的購物人群，也逃離吃吃喝喝的腦滿腸肥。或許大阪就是這樣一座讓人充滿複雜與矛盾的城市吧！

建築歷史學家范裘利（Robert Venturi）曾經出版一本建築書籍《建築的複雜與矛盾》，這本書被喻為是後現代主義建築的經典之作，他認為美國城市太無趣，要像是拉斯維加斯那種充滿霓虹燈、招牌的城市，才是有活力、有趣味的城市！但是拉斯維加斯這座充滿活力的城市，也是許多人避之唯恐不及的城市，讓許多人想要離開。

大阪城就是這樣一座充滿複雜與矛盾的城市，是吸引人想去親近的城市，也是讓人想逃離的一座城市！

NIKOH BLDG
3F
浪花囲碁サロン
4F
平松画廊
大阪 月光荘
3F
2F
白木屋
雛寿司
菊正宗
120席
DOMA-DOMA
MARUTOMI
大阪芸人グッズ
大阪名物土産
売ってます。
占
赤鬼
4階 お座敷
3階 炉ばた焼
寿司·和食
個室·和食

後記 被偷走的一年

這本書原本二〇二〇年就應該出版，大部分的文稿也都在二〇二〇年上半年完成了，無奈疫情來攪局，不僅不能出國，也搞亂了一切計畫與行程。這一年裡，我總是想：「一切等疫情結束再說吧！」但是一整年過去了，疫情不但沒有結束，還有變本加厲的趨勢！

回首二〇二〇年，突然感覺這一整年似乎是被外星人偷走了！

回顧二〇一九年，那一年我去了一趟香港看建築，然後在冬日去新瀉搭乘「雪月花」列車，住「里山十帖」特色旅店，同時也參觀了川端康成寫小說《雪國》的旅店；緊接著又去了韓國首爾，在寒冬中參觀首爾的新建築；春天的時候，與好友家人一起到東京看櫻花，在池袋公園櫻花樹下享受優雅的茶席；七月初我們去了四國，然後到瀨戶內海參加藝術季；八月則去了一趟葡萄牙，探訪《哈利波特》靈感的來源之地；十一月則去了一趟南法，也在秋天楓紅之際，漫遊了藝術之都巴黎，一切顯得如此美好！

然後我在Bravo FM91.3電台的廣播節目《建築新樂園》，在九月底的頒獎典禮中，獲得了廣播金鐘獎藝文節目獎，以及藝文節目主持人獎，可謂是雙料冠軍，完全出乎我的意料之外！現在回想起來二〇一九真的是最美好的一年。

二〇二〇年初我們還去了一趟東京，然後搭乘西武鐵道的新式列車，由妹島和世設計的LaView列車，以及建築師隈研吾所設計的「五十二席的至福」法式料理列車，到富士山下觀看富士山，那幾天，每天都看到美麗的富士山，連日本司機都說：「你們太幸運了！很多人來看富士山，看了好幾年都看不到！」那天我們在坂茂設計的富士山遺產中心觀景台上，看著美麗的富士山，心中想著說：「看到這麼美的富士山，今年應該會是很棒的一年！」

結果回台之後，疫情急轉直下，COVID-19病毒像是猛虎般襲捲全世界，一個多月後，全世界都已經淪陷了，連義大利威尼斯、米蘭，這些遊客最多的地方，都被封城淨空，這景象是平常難以見到的！連回教聖地麥加，穆斯林一生一定要去朝聖一次的地方，也是空蕩蕩一片！接著英國、美國也都無法倖免，陷入瘟疫擴散的恐懼中。在全球化的影響之下，連病毒都全球化了！

從歷史上觀察，瘟疫其實是歷史裡的常態，人類歷史上遇到瘟疫，就像是戰爭、天災一樣頻繁。十四世紀歐洲爆發黑死病，總共有七千五百萬人喪生，佔當時歐洲人口的一半。一次大戰末期，歐洲又爆發西班牙流感，全球有五億人感染，五千萬人喪生，當時一次大戰死亡人數才一千七百六十萬人，瘟疫死的人口，比戰爭還多！到了二十一世紀，人類也經歷過許多疫情，包括SARS、H1N1、MERS等等，我們以為現代科技如何發達，醫學如何先進，可是當遇到病毒感染時，人類跟過去的人一樣，幾乎是束手無策。我們才發現人類是何等的渺小與脆弱，人類的生命是何等的短暫與無常。

二〇〇八年有一部日本電影《死亡預告》，講到未來一個國家，為了讓人們不至於醉生夢死，就在每個孩子小時候注射預防針時，加入一個晶片，當這些小孩長大之後，在十八到二十四歲之間，一千人中有一個人會啟動晶片死亡。在死前二十四小時前，政府會派人來送公文，告訴你還有二十四小時可活，電影的主角就是擔任政府送死亡公文給人的工作。

他送死亡預告給人們，發現每個人面臨死亡時，剛開始都很驚恐不甘，但是冷靜下來之後，大家都會想要好好利用這一天的時間，有的人試圖去化解過去的誤會，或是跟家人和解和好；有的人想說，既然都要死了，就去報仇，幹掉平常欺負他、霸凌他的人；最特別的是，有一次他去送公文，發現那個對象在屋裡正要上吊自殺，他趕緊衝進去把他救下來，然後給他死亡預告書，告訴他你還有一天二十四小時可以活，真的很諷刺！可是那個人就不想死了，打算好好地利用那二十四小時。

如果你只剩下二十四小時可活，我相信你會更謹慎、更積極努力地去過這一天。新型冠狀病毒疫情讓我們安逸平凡的人生有了改變，忽然發現死亡就潛伏在我們身邊，不知道什麼時候我們一不小心，就會面對死亡的威脅！我們開始數算人生，想要好好利用規劃我們的生命。

狄更斯在《雙城記》中的描述對於這個時代十分貼切：「這是最好的年代，也是最壞的年代！」瘟疫蔓延的時代的確是很可怕的！但是從某個角度來看，其實也是好的！正如存在主義哲學家海德格說：「死亡，讓我們停下來思考人生！」以前你很忙碌，忙著賺錢、忙著追求許多事

二〇二〇年COVID-19病毒疫情襲捲全世界，我在筆記本上畫下了「鳥嘴版」的都市偵探，就像中世紀的鳥嘴醫生一般。

物，瘟疫死亡的威脅，讓我們有機會停下來思考人生，藉這個機會，改變自己的人生。

死亡的威脅，提醒我們不要再醉生夢死，不再只是及時行樂，今朝有酒今朝醉，不要再汲汲營營一些短暫虛無的事情，人生很快就過去，這些追求終究只是一場空。英國詩人約翰・多恩（John Donne）呼籲說：「你死的那一天，不是最重要的一天；你活著的每一天，才是最重要的一天。」面對COVID-19病毒疫情，我們不是每天在擔心，何時會被傳染，什麼時候會染病死掉？與其擔心什麼時候會死掉，不如擔心你還活著的日子，應該做些什麼？人生才有意義！

二〇二〇年，讓我們無計可施，只能安靜下來，我學會了Be Still的功課，也讓我重新面對自己，找回自己教學與寫作的初心。《怪獸大阪》這本書的出版，不僅僅是完成了我的「三都物語」拼圖，同時也是對未來世界充滿信心的宣告！不論世界的局勢光景如何，我都將秉持初心，繼續我的教育與寫作的職志！

一本好書的出版，絕對不是作者一個人可以獨立完成。我很幸運有一個天使編輯團隊的幫助。感謝認真的總編文娟，也感謝文編慧雯、美編小雷，以及多誠等人的幫助。每次編輯會議都像是面對一項大工程，但是大家通力合作完成一本書的感覺真好！

我也感謝我的家人們，過去我們多次前往日本城市觀察探險，如今那些片段也成了我們人生中的美好回憶。另外，我也特別要感謝好友們：謝佩霓、郭旭原、黃惠美、吳思瑤、黃姍姍、王子亦、林芳怡、林凱洛幫這本書撰文推薦，他們的文筆之好，令人刮目相看，在此一併致謝。

作家作品集097

怪獸大阪

作　者—李清志
全書照片攝影—李清志
封面暨內頁設計—雷震宇
特約編輯—林慧雯
編　輯—陳彥廷
責任企劃—金多誠
內頁排版—立全電腦印前排版有限公司

總編輯—曾文娟
董事長—趙政岷
出版者—時報文化出版企業股份有限公司
一〇八〇一九台北市和平西路三段二四〇號七樓
發行專線—(〇二)二三〇六六八四二
讀者服務專線—〇八〇〇二三一七〇五
(〇二)二三〇四七一〇三
讀者服務傳真—(〇二)二三〇四六八五八
郵撥—一九三四四七二四時報文化出版公司
信箱—一〇八九九臺北華江橋郵局第九九信箱
時報悅讀網—http://www.readingtimes.com.tw
時報文化臉書—https://www.facebook.com/readingtimes.fans
法律顧問—理律法律事務所　陳長文律師、李念祖律師
印　刷—金漾印刷有限公司
初版一刷—二〇二一年五月二十八日
定　價—新台幣四五〇元
(缺頁或破損的書，請寄回更換)

時報文化出版公司成立於一九七五年，
一九九九年股票上櫃公開發行，二〇〇八年脫離中時集團非屬旺中，
以「尊重智慧與創意的文化事業」為信念。

怪獸大阪 = Monster Osaka/李清志文字.攝影. -- 初版. -- 臺北市：時報文化出版企業股份有限公司, 2021.05
面；　公分. -- (作家作品集)
ISBN 978-957-13-8964-6(平裝)

1.遊記 2.日本大阪市

731.75419　　110006837

ISBN 978-957-13-8964-6（平裝）
Printed in Taiwan